U0124257

台灣

Gebrauchsanweisung für

使用指南

Taiwan

Stephan Thome
施益堅 著

林敏雅 譯

獻給若喬

目　次 contents

自序 preface

台灣人需要「台灣指南」嗎？當玉山社首次與我聯絡，表示他們想要出版*Gebrauchsanweisung für Taiwan*的中文版，我不得不自問這個問題。寫作這本導遊書的時候，我面對的讀者當然是德國人，而我明白他們大多數對於台灣沒有太具體的概念。身為久居台灣的德國小說家，我想要讓同胞了解為什麼我把這個美麗的島嶼當成我第二個家，介紹台灣的歷史、文化、宗教、日常生活……等各方面的特點，順便戳破一些中國大外宣中關於台灣的謊言。寫作這樣的一本書，其實原來不是我自己的主意。三年前我的經紀人寫信告訴我，慕尼黑的Piper出版公司有一個「指南」系列，已經出了將近一百五十本書，是從作者個人的立場介紹各個國家或城市的特色，但是很可惜目前沒有「台灣指南」。我的經紀人覺得這樣不對，所以他跟我說：「你要的話，我問一下他們要不要出版台灣的指南書。」

我沒有意見，只有一個條件：「如果是我寫的，這個指南恐怕會跟其他的導遊書稍微不一樣。」意思是說，為了讓德國讀者了解台灣，當然可以講到棒球與美食，可以讚美中央山脈與花東海岸的美麗，但是更重要的是台灣的政治情況及其歷史背景。普通導遊書都會避免這種嚴肅的話題，但是如果講到台灣的話，我覺得無可迴避。

結果慕尼黑的出版社很歡迎經紀人的建議，也沒有反對我對於該書的構想，表示他們很期待「台灣指南」的稿子。我雖然很高興，但是同時覺得我好像在面臨一個相當巨大的挑戰。在導遊書的性質很難深入政治辯論的侷限下，我如何能夠讓德國讀者了解兩岸關係或台灣認同這樣複雜的問題呢？

我目前已經出版了五部小說，每一本的題材都很不一樣，但是也有一個共同點：其中沒有一個角色代表我。五部小說的故事是我撰寫的，但是撰寫的不是我個人的故事。《台灣使用指南》不一樣，某種程度上這是我目前為止最涉及私人領域的寫作。一開始下筆的時候我立刻發現，為了讓德國讀者了解我的台灣，我必須從我個人的經驗講起，跟讀者分享這個地方在我生活中所扮演的角色，表態我對台灣的深刻感情。其實那時候我在這裡已經住了十幾年了，我並不是每天自問為什麼我這麼熱愛台灣？我跟這個地方的緊密紐帶到底是從何而來的呢？在這種情況之下，撰寫《台灣使用指南》提供我一個很好的機會：回顧我和台灣的故事、反思我在台灣的經驗、重新確認我在這個地方的歸屬感。

還有一件更私人的事：我太太是台灣人，她也是我之所以住在台灣最重要的原因，因此她在書中常常出現。在第一章裡，我描述我們二〇二〇年三月去松山區戶政事務所登記結婚，最後兩章敘述的環島旅行其實是我們的蜜月。說實話，我太太不是特別喜歡我寫到這個，把我們的私人生活變成一本書的題材，這我也了解，但是事實上我對她的愛還有對台灣的愛雖然不是同樣的事，在某種程度上兩者還是分不開。台灣是我第二個家，因為現在是我們兩個人一起生活的家鄉。因此寫《台灣使用指南》的時候，我沒得選，如果要寫真實的故事，那就是一個很私人的故事。

該書的德文版是在二〇二一年秋天上市，原來我以為它不會大賣。一般而言，來台灣的德國觀光客很少，疫情期間更是完全歸零，誰會買我的書呢？然而二〇二二年二月俄羅斯侵犯烏克蘭，突然有不少西方人很擔心，在台灣海峽會不會發生類似的事情？「今日烏克蘭，明日台灣」這個口號在媒體到處出現，經常被其他國家忽略的台灣，一時之間變成全世界媒體的主要焦點。半年後，美國眾議院議長裴洛西訪台，中國解放軍在台灣海峽進行了規模巨大的軍演，讓各個國家的公民害怕起來，好像中國的全盤侵略會倏然展開。

或許這個反應有一點過分。從台灣人的角度來看，二〇二二年不算是德國總理蕭茲所謂的「時代轉折」（Zeitenwende），反正中國政府對他們的惡霸態度不算什麼新鮮事，但是從此以後，歐洲人好像越來越關注台灣的情況。因此前一年出版的《台灣使用指南》引起了越來越多人的興趣，二〇二三年初已經再版了第二刷。很多人跟我說，他們把《台灣使用指南》當作一個了解台灣的入門磚。本來不一定打算拜訪台灣的讀者，看完書之後就很想要親自來探索這塊土地，接觸它的獨特文化。

回到開頭的問題：台灣讀者需要這種書嗎？很明顯地，台灣人不需要外國人給他們說明台灣文化與歷史，但是雖然如此，我還是相信，這本書對台灣讀者會發揮一定的作用。台灣朋友常常問我：你們西方人怎麼看台灣呢？有的人可能只是好奇而已，但有時候我在這個問題的背後感覺到的是一種擔心：是不是你們西方人完全看不到我們？二十一世紀的台灣在某種程度上還是有吳濁流在《亞細亞的孤兒》中所呈現的心態，很多人覺得自己國家被全世界拋棄，被別的國家邊緣化。在台灣外交困難的處境下，這個感覺不是沒有根據，我也覺得西方國家（尤其是歐洲，特別是親中的德國）應該強烈抵抗中國對台灣的威脅態度，也應該對台灣的自由與安全表達不含糊的支持。

無論「你們西方人怎麼看台灣？」表示的是好奇還是擔心，我覺得一定是一個有道理的問題。不管是個人還是社會，我們的認同不是完全自己創造的，而是經過一個複雜的交流過程演變而來。為了知道我是誰，別人對我的看法很重要。獨白不能幫我認識自己，我必須進行對話。在別人眼光下的我是自我認同的主要成分，這也是住在台灣的經驗教導我的。每當碰到台灣人表示對德國的各種看法，有的我會覺得是刻板印象甚至是偏見，有的給我一些新的啟發，但是重點在於，經過這種長久的交流，我對「德國認同」這個觀點慢慢獲得了一個不一樣的理解，這絕對與一輩子住在德國的同胞們不一樣。在《台灣使用指南》中，台灣讀者可以看到外國作者眼光中的台灣，然後進一步思考跟自己所認知的台灣有何異同，說不定也能藉此對「台灣認同」得到一些新的啟發。

認同問題是這本《台灣使用指南》的主要焦點，因為在我看來這是台灣社會最有特色的面向。一九八七年解嚴以來，台灣社會不斷地發展，台灣的民主進步可觀，這是全體公民的偉大成就，但是關於認同問題，到目前為止仍沒有達成全社會的共識。我第一次來台灣學中文是在一九九六年，就是第一屆總統選舉的那年，當時我對台灣一無所知，只把它當作另外一個中國，就像我成長過程中有兩個德國一樣。到了二〇〇五年我在柏林唸完博士回到台灣，那年我參加了反對「反分裂法」的遊行抗議，對兩岸關係還有台灣與中國的各種差異已經得到比較精確的了解。二〇一四年我雖然住在葡萄牙，但就在太陽花學運爆發的時候，我正好來台灣待了兩個月，天天去立法院附近親自觀察各種舞臺上的討論。我還記得第一次聽到「天然獨」三個字，馬上知道這表示台灣認同的發展已步入了新的階段。

我現在之所以提到這些記憶，是為了強調，《台灣使用指南》雖然是疫情的時候撰寫的，但是它的潛伏期比較長。寫作的時候我沒想到該書會有台灣讀者，現在我很開心有機會寫這個台灣版本的自序。非常感謝林敏雅女士做這麼精準的翻譯，也感謝玉山社團隊的努力！希望讀者閱讀此書的時候，會感到作者對他們家鄉的熱愛，更希望會感到對自己家鄉的驕傲。中華人民共和國會繼續威脅台灣，有的外國人會繼續忽略台灣，但是與此同時，我相信台灣人本身會繼續努力，讓台灣民主繼續進步，把這個美麗島變得更為美麗！

第一章　20號窗口

二〇二〇年三月二十五日，早上十點左右，我的體溫是三十六點四度。至少松山區戶政事務所入口大廳穿制服的工作人員可以證明。我和我女朋友（三十六點二度）在台北東區這一區已經住了五年。和台灣其他所有的公共建築一樣，這裡也有嚴格的進入管制。我們必須戴上口罩、量體溫並且雙手用消毒劑消毒，然後才准進到服務櫃台，他們問明我們來的目的。幸好我們有備而來。「我們要結婚。」

櫃台女士點點頭說：「四樓。」她對我們未來的美好表示祝福，陪著我們上了電梯。戴著口罩結婚可一點也不浪漫。今天的正式登記只是行政作業。我們打算明年才舉辦婚宴慶祝，希望到時候德國的疫情也已經結束，旅行不再是問題。很幸運，台灣人懂得防微杜漸，果決採取行動防患未然。在一月份首例感染確診之前的一天，中央流行疫情指揮中心就已經開始備戰。春節假期延長。當確診數攀升超過十人，全國所有學校關閉兩週。不用說所有乘坐公共交通工具的乘客必須戴口罩。沒有人討論戴口罩是否符合人性尊嚴，而是政府設法協助增加口罩生產並且建立有效的分配系統。因此在台灣沒有什麼疫情可言。

我自己也親身體驗了一些防疫措施：上一次我從德國入境台灣時，德國仍屬旅遊警示二級，對我而言只有兩個星期以建議形式施加的輕微限制，不要搭乘公共交通工具，避免擁擠的地方，不要外食。八天之後，歐洲的疫情失控，按照三級的規定，我不准外出。每天兩次有人打電話來問我的狀況。我必須在政府人員親自送到我家門口的黃色表格上紀錄我的健康狀況，除此之外上面還條列我如果違反隔離規定會受到哪些處罰的清單，已經不再是建議。違反傳染病防治法第五十八條將處以相當三千到三萬歐元（約台幣一萬至一百萬）的罰款。衛福部長在每天的記者會上宣布嚴格但是透明的防疫措施，其效果也很快顯現。當德國確診病例接近兩萬時，台灣只有一百六十九名染疫者，其中大部分是海外返台病例。先說：當二〇二〇年德國新冠死亡人數上升超過兩萬時，台灣的染疫死亡人數還是七。

增強的社會凝聚力是很難用數字表達的。台灣人理所當然可以為集體努力的成就感到自豪，並且對國際媒體的承認感到滿意，否則台灣也只有在地震或颱風肆虐，或者北京政權再次以戰爭威脅時才會出現在西方媒體上。儘管中國過去一段時間加劇對台灣的軍事威脅，但是台灣人仍覺得自己生活在世界上最安全的國家。在最近幾次總統選舉之後，台灣社會內部的分裂更明顯，而對新冠病毒（這裡仍舊稱為武漢肺炎）的成功對抗，正創造了積極患難與共的感受。頂多只有紐西蘭可以和台灣爭非正式的抗疫世界冠軍。由於政府迅速且有計畫的採取行動，加上人民有紀律的共同參與，防疫措施最終不必像歐洲一樣激進。就像大家有時在報導中可以讀到的，台灣絕非以犧牲個人自由來保護大家的健康。台灣沒有全國性的封鎖，飯店、酒吧還有健身房不必因為病毒關閉，職業棒球聯賽也在短暫中斷之後，再次在觀眾面前進行。兩天後我和太太計畫的環島蜜月旅行也沒有任何阻礙。

在此之前，我們必須完成的是正式的結婚登記。

到了四樓，迎接我們的是一個燈光通明的開放式辦公室，有二十多個櫃台。人不多，坐在等候區的只有我岳母、我大舅子帶著太太還有兩個小孩。我們簡短的打招呼，因為我們一抽號碼牌，馬上就被叫到。二十號櫃台。

莊嚴、神聖、意識到結婚意味人生的轉折點——這些感覺在接下來半個小時內我沒有感受到。首先我們拿出一堆文件，其中包括我的婚姻狀況證明書，已經翻譯成中文且經駐德台北代表辦事處認證。我故鄉比登科普夫（Biedenkopf）的戶口登記處，花了整整十一個工作天才證明我在德國沒有結過婚。在登記的過程中，我父母從手機傳來一張香檳酒瓶的照片，那是他們在德國時間凌晨三點開香檳為我們慶祝，除此之外整個過程簡樸得不能再簡樸。儀式既沒有致詞也沒交換戒指，甚至沒有明確宣佈我們成為夫妻，更不用說，問我們是否真的想在彼此身上測試婚姻能力。沒有承諾，只有一堆簽名。

唯一的遲疑在最後：在結婚證明書上，我該簽我的德文名字還是中文名字？法律上兩者皆允許。我太太聳了聳肩，戶政事務所的職員一時之間似乎也沒主意。當然，這不過是整個過程形式上最後一道手續，而且也許我的猶豫是出於我內心需要將這一刻標示為一個人生轉折點，並賦予它有意識做出決定的神聖性。

「您的感覺呢？」那位職員問我，好讓事情容易些。

我很想回答千頭萬緒。以某種方式，把我和台灣連結在一起的故事在今天也達到了高潮。二十四年前我第一次造訪台灣，自此大概有一半的時間，這裡是我主要的居住地。為什麼我每次試圖離開，最後還是返回，我也說不清楚。在我第一次來台灣的時候，有個喝醉的美國人向我吐露說：「老兄，一旦你來到這裡，台灣就會像個黑洞把你吸進去……」就是那種在東亞酒吧，傳統頭腦簡單男人密集地會聽到的閒話。這個島並不符合我們所謂「異國情調」所代表的那種吸引力，至少乍看之下沒有。台灣城市的主調是灰色的混凝土，如果你想發現一些特別的東西必須有敏銳的眼睛和好耳朵。譬如台北的捷運，所有的廣播都是用四種語言，華語、台語、客家語和英語。從這裡你可以知道，在台灣族群和文化的混合已經有很長的一段時間，而且絕非只侷限在亞太地區的影響。

葡萄牙船員給了這十六世紀時人煙稀少的島「福爾摩沙」的名字。十七世紀時荷蘭人佔領了台灣南部，西班牙人佔領北部，十九世紀法國和普魯士也被這島嶼的魅力吸引，尤其是台灣位於重要貿易路線的十字路口。

新崛起的區域強國日本也不惜劍拔弩張搶奪美麗之島。也就是因為這些外來的興趣，促使北京政權對這片鮮為人知、食人族與毒蛇雜居之地在行政上加強統管。曾經就有個名叫康熙的皇帝，輕蔑地稱台灣是「Klumpen Dreck 土塊」。一八八七年台灣升格為清國的一省，但是僅八年後清朝就在對日戰爭失敗之後，便把台灣割讓給日本了，接下來五十年西方人稱的福爾摩沙成了日本的殖民地。現在如果有人隨便說台灣「一直以來」屬於中國，應該重新審視一下歷史。

簡而言之，情況就是：一直以來總有人想要這個島，但就是沒人問島上的居民想要什麼。當日本在一九四五年太平洋戰爭戰敗，台灣再次回到中國的架構。官方所謂的「光復」，但是歷史不會逆轉，口號的光耀很快消失，台灣曾經屬於的帝國變成在抗日戰爭和內戰中受蹂躪的共和國，這個共和國藉由撤退逃亡躲過崩潰的威脅。中國軍事最高統帥蔣介石被共產黨擊敗，於是率軍逃到台灣。兩百萬士氣低落的士兵滿腹狐疑的看著他們所謂的同胞，其中大部分人甚至不懂中文。當一九四九年共產黨人毛澤東在北京宣佈成立中華人民共和國時，蔣委員長和他的追隨者在台灣開始強行將台灣人再教育成中國人。今天所謂的「白色恐怖」，就是指這一段一直持續到一九八七年戒嚴解除的時期。

一直到二十世紀末期，台灣的歷史大多是關於苦難和壓迫。然而現今東亞地區很多人對這個公民社會蓬勃發展，而且在東亞地區沒有其他國家能超越的國家表示欽佩。自一九九六年以來實行民主，二〇一六年以來由一名未婚女性領導，二〇一九年成為亞洲第一個允許同性伴侶結婚的亞洲國家。不幸的是，這個成功的故事是鄰居大中國的眼中釘。而且最近在香港發生的事件之後引發了一個令人擔心的問題：摧毀台灣的民主是否會成為北京的下一個目標？毫無疑問北京政權有志於此，而是否能如願將取決於許多因素，尤其是西方國家集體信誓旦旦的行動，如果現今還存在的話。二十一世紀台灣何去何從，與全球的政治息息相關，然而目前還完全不確定。

台灣人如何生活在這種不確定中，他們究竟如何過日子？他們相信什麼？希望什麼？為什麼對棒球如此著迷？世界聞名的台灣牛肉麵是怎麼來的？臭名昭彰的臭豆腐又是怎麼個臭法？我將在接下來的章節中探究這些以及其他問題，不過不是每次都走最短的捷徑來回答。這太平洋上的美麗島形狀像蕃薯——這在俗語中經常採用——而且不僅有戲劇性轉折的歷史，還有兩百多座超過三千公尺的山峰。想要探索這些高挑戰性的領域的人，必須得甘願繞些遠路。

最後我還是簽了我的德國名字。生活在其他國家及文化圈，一個人在很多方面會改變，但不是全部。公平對待自我認同的不同部分，需要一種類似維持婚姻的行動——既是有意識的，也要是自然而然的進行。敏銳的感覺是絕對不可少的，不僅是對與自己共享生活的另一半，也包括對自己認同的眾多元素。台灣人在歷史中經歷了許多轉變，他們非常清楚，單一的身分認同是意識形態的抽象化，那是一種均等主義的無理要求，他們必須以堅決和幽默來抗拒。

有一個很常見的笑話問題：「什麼是台灣人？」

答案：「台灣人是說中文的日本人。」

好笑，但是不是完全失真，閱讀完這本書你就會明白。

好了，現在我結婚了，正式有了第二故鄉。我有足夠的理由在接下來的章節中更徹底的回顧台灣歷史。畢竟我認識台灣的時間夠長，親眼見證了一些歷史的轉折。

第二章　到達：另一個、更好的中國或者根本非中國？

故事回到一九九六年春天，離我二十四歲生日還有幾個月。前一年的秋天開始我在中國的南京大學註冊學中文。這個位於長江下游的城市，夏天炎熱難耐，冬天潮濕寒冷，而且有大概一萬個建築工地。我和一個日本同學合住一間狹小的雙人房，沒有暖氣也沒有空調。灰塵從關不緊的窗戶進來，整個城市一年到頭都籠罩在奇怪的微茫中。就算陽光普照，你也看不到。第一個學期，我每天早上去上課，然後用功學習新的漢字，經常是到深夜。第二個學期我曠課去旅行。三月份我到了西南邊境和緬甸交界的地方，我想在夏天去四川和西藏旅行，然後從加德滿都飛回家。但是就在春天我啟程前往台灣。一個來自柏林的朋友住在那裡，他和我一樣是一年的交換學生，我們透過寫信聯絡，因為那時網路剛在起步階段，而且在中國還完全沒有。手機像吹風機那麼大，還帶天線。中國大陸和台灣之間還沒有直飛航班，我必須先飛到英國殖民地香港，然後從那裡買飛往台灣的機票。

對於我的旅行目的地我幾乎一無所知。在我腦子裡，我稱它「另一個中國」。台灣由於經濟快速起飛與新加坡、韓國和香港並列亞洲四小龍。並且在三月第一次由公民直接選舉總統。因為我在南京沒有接觸國際新聞的管道（沒有電視，沒有外國報紙），只是順帶的得知北京不同意這樣的發展，雖然台灣人只是讓原本來自國民黨的總統李登輝續任。我告訴自己國民黨是共產黨歷史上死敵，是發生在五十年前但至今尚未正式結束的內戰對手。因此中華人民共和國在台灣海峽不斷進行軍事演習，甚至對台灣水域發射飛彈，就像對島嶼的船頭進行射擊一樣。聽起來形勢緊張，但是當時對我而言並不重要。

中國的許多面孔

香港令我震驚。如此現代耀眼，但是明顯就是亞洲風格。在人滿為患的地鐵站，車子來之前乘客已經在排隊。雖然擁擠但是井然有序。這是個國際化時髦的城市，也許我在十分鐘之內看到的打領帶男士的數目多過我這半年在中國看到的。我到處遇到拒絕符合我這個歐洲人對亞洲人既有刻板印象的人。想到自己身處在一個殖民地感覺很奇怪。何等時代錯置！的確，英國統治的時日屈指可數。香港回歸中國已成定局。後來我坐渡輪到了澳門，那裡的街道和建築都有葡萄牙的名字，我不知道在什麼樣的意義上我仍然感覺身在中國。

四天之後，我搭上飛往台北的飛機。

抵達中正國際機場。

如今回想，對我而言那似乎是一個恰當的象徵。

這新興的民主國家，其主要機場仍然獻給一個幾十年以鐵腕統治該島的獨裁者。我到達時已經很晚了，我很高興我的朋友克努特在入境大廳等我；我事先無從得知我從香港寄來的信他是否收到。從機場到台北需要快一個小時，首先乘公共汽車到台北火車站，然後坐計程車到師大路。一年半後我每天都會走這條街去上師大的語言班。第一印象：這裡的摩托車和中國的自行車一樣多，店面更鮮豔明亮，我認識的字比在南京還少。在台灣他們使用所謂的繁體字，也就是傳統的文字，而不是共產黨為了掃盲而採用的簡體字。

我們在一家叫The Source的同性戀酒吧打發了第一個晚上。我們倆個都不是同性戀，但是那是一家很酷的酒吧，在一個有這樣地方的都市感覺很好。無法用言語表達，但我能感覺台灣和中華人民共和國不同，不一樣的社會風氣，不一樣的氛圍。你幾乎看不到穿制服的人，總的來說也看不到宣傳口號。在街上我雖然也會遇到好奇的眼光，但是沒有人盯著我看或在我背後喊「哈囉，哈囉」，像我在對岸經常碰到的。倒是在商店和餐廳裡，迎面而來的是友善的：歡迎光臨。剛開始我聽不懂，因為我從來沒聽過。一個非常普通的問候，幾年之後在東京聽到無所不在的いらっしゃい~ませ（Irasshai-mase）之後，我也知道這習慣從哪來的了（我後來在日本經常會想到：這個和台灣很像！）克努特住在大學附近的一間小房間，不像我住在專門給外國學生住的宿舍，當地的熟人來訪時還得出示證件。從來到台北的第一天起，我就感覺到自在。沒人監視的自由。

台灣歷史的兩個敘事

接下來幾天我探索了這個城市，有些日子台北也消失在霧霾中，就像南京消失在工地的塵霧中一樣。在戶外幾個小時，鼻孔周圍就會黑一圈，嘴巴裡會有金屬味。我參觀了位在市郊山上的故宮博物院。欣賞到我冬天時參觀北京故宮沒看到的珍貴藝術品——很多是國民黨從中國撤離時帶到台灣的。玉器、瓷器、書畫、鼎以及古錢幣。都是寶物，長久以來用來證明在台灣的中華民國是更美好的真正中國，是千年文化的守護者。在中國就算中華文化沒有被積極毀壞，也正在凋零。中國文化大革命（一九六六～一九七六）及其極端行為或許已經過去，但是我在這裡散步時經過的廟宇數目要比中國城市的高出好幾倍。燒香的味道一再撲面而來，我聽到鑼聲和頌佛經的聲音，幾乎每家商店都有一個紅色發光的神壇。我認為在某種程度上，台灣甚至比中華人民共和國更具中國特色。

紀念蔣介石的中正紀念堂位在台北市中心。一個巨大的開放廣場，一側是國家音樂廳，另一側是國家戲劇院，由樑柱支撐的正面和飛簷，兩棟建築物外表幾乎沒有差別。華麗的白色大理石藍頂殿堂就矗立在廣場的另一端。藍白是國民黨的顏色。數十階台階通向大廳。蔣介石銅像就坐在那裡，數公尺高，讓我不由得想起美國將軍史迪威（Stilwell）在對日抗戰期間，給他最討厭的蔣委員長取了個不恭的綽號「Peanut」。他的光頭看起來的確像顆花生，不像毛澤東所有的雕像幾乎都是舉起手堅定的指著一個方向。蔣介石坐著，兩手臂放在座椅的扶手上，看起來像個仁慈的君王，孫逸仙當之無愧的繼承人。在國民黨的描述中，蔣介石是中華民國的生存保證，戰時是個精明的戰略家，後來成為台灣經濟奇蹟的啟動者。西方的觀察家描繪的通常是另一種形象。儘管在芭芭拉·塔奇曼（Barbara Tuchman）主觀的一書《史迪威與美國在中國的經驗》（*Stilwell and the American Experience in China*）中，蔣介石表現了東方獨裁者偏執、自大和對現實視而不見的典型。眾所皆知在他年輕時曾捲入上海黑社會的暗黑交易，但是根據紀念堂內展覽的資料他的一生只有勝利——這不禁讓人想問為什麼他的紀念堂在台北不在南京，根據憲法中華民國首都是南京（順便一提，直到今天都還是），孫逸仙就是葬在南京。逃到台灣這小島，這屈辱的一章就跳過去。

乍看之下穩固、堅如磐石的國民黨自我形象在二十世紀末早已經崩裂。幾十年來，台灣人民一直被灌輸撤退到台灣是戰略性質，是為將來不久的「反攻大陸」做準備。在五〇和六〇年代，這個口號出現在許多建築的牆壁上和每一本課本中，然而這在當時就已經不可信。隨著蔣介石過世，這口號也從街頭和官方言論中消失。之後國民黨堅信要保存固有中華文化，成為更好的中國——這已經是一個保守而不具遠見的自我形象，而中華人民共和國的經濟崛起很快開始侵蝕這形象。除此之外，過去二十年裡，在台灣另一個敘事成形，剛開始是在地下的政治活動，但是隨著社會的逐步開放，也越加顯露出來。一九九六年國民黨雖然贏得總統選舉，而且是具民主合法性，然而台北市長屬於反對黨民進黨。當我從紀念堂走到總統府時，我可以看到正在發生改變的最初跡象。總統府曾經是日本總督府的所在地，總統府前的街道在日本人離開後改名為「介壽路」，旨在頌揚「介公之壽」。但是一九九六年三月再一次更名，從此以後街名為「凱達格蘭大道」，聽起來根本不像中文，因為這名字指的是在中國人來定居之前，原本居住在現今台北平地上的原住民部落。這必須視作是政治訊息，幾乎是一種挑戰：在這個島上有些東西根深蒂固，比對一個中國獨裁者的記憶更長壽。

總統府是一棟具有歷史意義和政治色彩的雄偉建築，位在凱達格蘭大道的一端。在另一端國民黨中央黨部是一棟難看的功能性建築，有兩堵凸出的牆圍住庭院，像石爪一樣伸向總統府——極端蠻橫對權力要求的象徵。多虧不肯屈服的台北市長，將中央黨部到權力中心的這一段路，獻給在中國人來之前就在這裡的族群，暗示一個不同的、非中國的台灣。在一九九六年的春天，國民黨幹部做夢也想不到，四年之後陳水扁會進入總統府。

「希特勒的最大錯誤」

我在台北待了一個星期，然後飛回香港。我對台灣的印象深刻到在我回到德國後不久，便向DAAD提交了申請：台灣師範大學華語教學中心十二個月的華語學習課程獎學金。申請獲得批准，一九九七年夏末我回到台北。我搬進了辛亥路一棟高樓屋頂的小公寓。這種大多是違建的住處在台北並不少見。每天晚上，我從那裡望著市區上空的微紅霧氣，我想不出一個我更想去的地方。很快我就交了一個美國女朋友也有了一個國際熟人圈，主要是其他來學語言的學生。在南京的時候，晚上出去的機會很少，現在可以去的地方很多。Fortyfive、Roxy Plus、Spin和Brown Sugar是很受歡迎的聚會場所，在台灣加入WTO之前的那些年，知識產權還是屬於所有人的時候，有所謂的「MTV包廂」：在一個小房間自己放映挑選的電影，一個個用薄木牆相互隔開的小隔間，除了看你自己的電影你也可以聽到隔壁正在看什麼——或者學生觀眾在一個寢室有四張或六張床的宿舍沒有機會做的事。

在這一年我並沒有特別關注台灣的政治生活，但是我逐漸對在路上注意到的不同方言和口音產生了興趣。台北是台灣的政治經濟中心，也是台灣最「中國」的城市，很多居民在內戰期間才逃到這裡。台灣話——或閩南話，中國大陸一些沿海地區也說的方言——我相對很少聽到，但隨著年紀越大的人，方言的多樣性也越大。坐在茶室和麵館前顯然閒著沒事的老兵中，方言的多樣性似乎最大。他們當中許多人年紀輕輕來到台灣的時候，除了身上的衣物一無所有，與留在中國大陸的家庭斷絕了聯繫。幾十年來，甚至沒有郵件或電話聯繫，旅行禁令直到一九八七年才解除。這些男人當中不少是十幾歲就告別父母、兄弟姊妹，如果有幸再見到親人的時候，也已經是退休了的年紀。

有一次我在一個小麵館吃鍋貼，有一個白髮的先生坐到我旁邊，直截了當問我從哪裡來的。他的語氣聽起來就像我偷溜進他的屋子，現在我必須回答他的問題。他穿著一件褪色的白汗衫和一件深色的褲子。我聽得懂他的口音是因為我在中國唸書的時候，在北京做過短暫的實習。每兩個字就會有兒結尾的音。他點頭聽我的回答，然後舉起食指說出他顯然一直就想對一個德國年輕人說的話：「你知道希特勒最大的錯誤是什麼嗎？」

我也許有答案，但是我很想知道他的。「不，我不知道。」我說。

「他不應該和英國作對，他是找死。邱吉爾可不是省油燈。」

接下來的幾分鐘關於希特勒我沒有任何新的認識，但是開始察覺在戰爭結束五十年之後，這位先生還被囚禁在什麼樣的精神世界。他的舉止態度表明他屬於統治階級，但是他的衣著洩露他實際的地位。市區裡有些地方是名副其實的貧民窟，在那裡軍眷住鐵皮屋；離鄉背井一直沒能在台灣立足的人，這些人現在因為政治風向開始轉變，完全失去立足點。他們唯一還保留的是對一個消失世界的記憶，縱然那世界虧待了他們，但至少他們認為理解那個世界。

我在大學的一個語言老師也是屬於這一代。許老師年輕時被迫服兵役，戰後獨自來到台灣。很長一段時間他都在做著沒有養老金的工作勉強維持生計，所以他七十多歲了，每天還要花一個小時坐公共汽車從基隆到台北，教我們外國人中文。有時他的視線一離開課本，就立即開始談論過去。為了教學，他原本試圖壓抑他的山東方言，這時變得越來越明顯，直到我們學生只聽得懂零星片斷。沒人敢打斷他，大家都等著拯救人的下課鈴聲。然後許老師回到現實，兀自點了點頭然後說：「今天到此為止。明天見！」

一年就這樣過去了。我飛回德國，以完成柏林的學業。碩士畢業之後，我到東京待了一年，在那裡常常讓我想起在台灣的時光。很多早稻田的同學來自台灣，他們覺得在日本遇到一個會說中文的德國人很有趣。我對日本了解越多，覺得日本與它的前殖民地相似之處越多。晚上我坐在我新宿的小公寓裡看電視上棒球轉播，棒球是日本人和台灣人都很著迷的一項運動。雖然我不懂棒球，但是我的電視只有少數幾個頻道，有時候除了棒球沒有別的。當時的我並不知道，棒球是殖民時代很重要的禮物之一，可以藉由棒球來講述台灣在二十世紀的整個意識型態史。

在日本待了一年之後，我繼續回柏林完成我的博士學位。二〇〇四年夏天我拿到學位之後不久，就照著剛拿到哲學博士學位的人會做的，第一次去就業中心—以前的勞動局，現在改了這名字。我的人生規劃中沒有申請失業救助金這一項，但是人還是要有彈性。輔導員習慣了難找到工作的個案，第一個問題是：「怎麼樣，至少有張畢業證書吧？」

我不得不吞口氣。最後心裡不高興的喃喃說：「我已經畢業了。」

我突然明白，我在德國暫時沒有前途，必須重新收拾行囊。這次去哪裡？上次到台灣已經是六年前的事，然而這是一個顯而易見的選項。我和學術圈有（些許的）接觸，我知道作為一名哲學家我感興趣的跨文化問題在台灣的大學屬於研究主流，不同於德國。那就走吧！

台灣民主的瘋狂年代

二〇〇五年初我回到台北，我很驚訝這裡的改變，多虧新的捷運系統，空氣品質明顯改善，除此之外又了一個新地標：矗立在信義區的台北一〇一。整個地區迅速繁榮，購物中心以及閃耀的門面。台北彷彿是要和中國大陸不間歇的變化做競爭。然而政治上，形勢正朝著完全不同的方向發展。台灣第一次有了非國民黨的總統，前台北市長陳水扁當選之後，致力賦予國家新的認同，對抗舊菁英憤怒的抵抗。因為國民黨在國會中佔多數，而且憑仗對其忠誠的官僚機構，經常停留在象徵政治上。台灣各地的蔣介石雕像被拆除，以他的名字命名的公園和公共場所也重新命名。其他還有更深入的措施，目的是在隨時間發展效應。課本改寫，台語課出現在課表上，原住民文化也受到非比尋常的關注。總之：在台灣去中國化再次受到重視。然而這些措施每一項都會引發抗議，遭親國民黨媒體辱罵，以及議會中發生激烈辯論，有時甚至演變成大打出手。陳水扁的任期從二〇〇〇年持續到二〇〇八年，那些年是台灣民主的瘋狂年代。獨裁的鐵腕已經鬆動，先露出來的是一個嚴重分裂的國家。

我的生活並沒有受到直接的影響。那些年我在多所大學和研究所做博士後，從一份定期的合約到下一份合約，演講、寫論文，有時必須幫忙當講師——不好玩，因為所有學生的中文都比我好。有一段時間我的辦公室在原本是日本帝大的台灣大學一棟老舊的紅磚建築裡，偶爾我會到中研院開會，中研院是國家最高研究機構，是在內戰時期跟著撤退到台灣。當時我幾乎沒有意識到這些地方歷史悠久，我腦子塞滿其他的事。晚上和週末我都在寫我的小說，書名《邊境行走》。小說的場景在上黑森——還會有哪裡？——與我周圍的台灣環境完全無關。關於那些年政治的紛紛擾擾我只是觀眾，而且還有自己的包廂。

當時我的公寓在仁愛路上，八線道椰子樹成蔭的軸線從總統府通到市政府。在陳水扁任期即將結束的時候，每個週末都有支持或反對他的示威活動，而且人群總是從我家門前經過。有時是國民黨的藍色旗幟佔多數，有時是民進黨的綠色旗幟佔主導地位。民進黨的支持者多從南部坐大巴組成車隊前來。有幾次我跟著遊行，例如抗議所謂的反分裂國家法，北京政權想以此作為軍事干預台灣的法律基礎。顯然中國人已經意識到台灣海峽對岸的目標已不再是統一，尤其是在陳水扁的領導下。

陳水扁原本是一名律師，長期從事黨外運動。陳為美麗島事件擔任辯護律師之一，那是一九八〇年最後一次的重大政治審判，原本是要壓制支持民主的反對黨。和他的戰友一樣，他自己也曾在監獄待過一段時間，總之只有幾個月。他是南部人，寧可說台語不說華語。他之所以能夠選上總統，是因為對立的陣營發生紛爭，其他兩名候選人互相分散了選票，台灣的總統選舉是簡單多數決，陳獲得三十九％的票。

這次選舉讓那些老菁英非常震驚。國民黨踟躕不前地走向民主化的道路，為的是讓他們的統治合法化同時獲得國際承認——但並不是為了失去權力！二〇〇四年陳水扁在選舉前一天遭到槍擊，最後以微弱的多數險勝再次當選。國民黨至今仍聲稱槍擊案是他一手策劃的。整個案情撲朔迷離，嫌犯後來被發現時已經死亡，至於是否畏罪自殺或是被謀殺至今未查清。甚至到這次選舉，國民黨仍視陳水扁的總統職位不合法，並且不放過任何機會，利用其官方結構和在國會的多數來阻擾陳的決策。無論如何民進黨幾十年來被排除在權力中心之外，沒有足夠的專家，而且在台灣如何積極處理台獨目標的問題上內部意見發生分歧。這正是該黨的核心事務，然而實踐這一目標以目前的情況下，在外交上仍然不可能。

有時候我從屋頂上觀看示威遊行時，房東太太也會在一旁。她已經八十幾歲，在殖民時代上過學，日文比中文好，但是她還是最喜歡講台語，在戶外她總是戴著一頂有總統肖像的遮陽帽。他之所以成為她心目中的英雄，與其說是具體的政治措施，不如說他代表的是：反對國民黨的專制統治以及為一個民主的台灣戰鬥，不是為了成為一個更好的中國，而是在理想狀況下讓台灣成為一個獨立國家。至於陳水扁沒有辦到的事，她有一個簡潔的解釋：國民黨從中作梗。

陳水扁的第二個任期只有持續的混亂。他被指控貪污，還有對他親信的訴訟案，不只是政治對手連過去的夥伴也要求他下台。而且有一段時間大規模的抗議活動演變成真正的包圍總統府。陳一卸任立即失去豁免權。他被指控貪污並濫用職權。他的支持者直到今天都認為那是政治審判，是國民黨的報復行動。國民黨在接下來的選舉中以壓倒性勝利重新掌權。當我二〇一一年初夏離開台灣的時候——再次只是暫時的，不久事實會證明——這位曾經的律師已經在監獄裡，他相當勵志、非常台灣式的豐功偉業，最後落得悲慘的結局。

• • •

第三章 抗爭：讓百朵太陽花盛開綻放！

二〇一四年三月我再次飛到台灣，但是這次不是降落中正機場而是桃園國際機場。同一個地方，不同的名稱：死去的獨裁者在台灣繼續從公共生活撤退，說到撤退他很拿手。機場這時正在整修。長久以來，來台這裡是旅客的第一印象，不是很好，陰暗散發霉味的走道，牆上有水漬，衛生設備老舊而且幾乎沒有商店。也許和中國如雨後春筍般出現的新機場相比，這裡簡直可以說是簡陋，這可能就是拉皮的主要動機。台灣海峽兩岸已經有直航班機，再也不用像我十八年前一樣必須經香港轉機，中國大陸觀光客如潮水般湧來寶島。仍在監禁中的陳水扁接班人國民黨主席馬英九走的是非常親中的路線，而且正準備簽署一系列擴大雙邊貿易的協議。然而緊密的經濟聯繫，特別是讓台灣年輕人感到不安，兩個星期以來，他們對此的抗議行動讓全國氣氛緊張。二〇一四年春天，台灣認同的爭議再次達到高點。

所謂的太陽花學運震撼了整個島嶼。

就某種意義而言，可以把它看作是陳水扁執政的後效。他的總統任職最後以災難收場，他所屬的政黨也因此久久無法恢復民望，但是另一個角度，他的執政對台灣很重要，甚至可以說得上有成效。社會風氣在這八年裡發生持續的變化。新一代在自由社會中長大，他們可以以不同於父母和祖父母的方式表達自己。當這一代人突然以行動者的身分登上政治舞台，就更明顯了。我在這個時機來到台灣當然是個巧合，與其說是和政治有關，不如說是為了愛情。

三年前就在我快離開台灣的時候，我經歷了深刻的愛情，所以離別時極其傷心。我第一部小說出乎意料的成功鼓舞了我，當時我不想繼續留在學術界汲汲營營，而是想成為自由作家，我辦到了。這期間我在里斯本寫我的第三本小說，已經接近完成。我和台灣女友談遠距離戀愛，雖然有刺激的一面，但是長久下來非常累人。我們的相聚總是短暫，有時在歐洲，有時在亞洲，雖然那時候我還不知道有一天我們會結婚，我其實暗中想著再回台灣長住。

不過這一次我只在台北國際藝術村客居了兩個月。結果我得知我住的地方正好就位在抗議活動的中心地帶。從機場到市區的路上，我的女朋友向我解釋了這些抗議活動。根據我以前在台灣教書的經驗，我對這裡學生的印象是彬彬有禮，用功而且甚至是太乖了，所以現在發生的事讓我和社會其他人一樣感到驚訝。同時抗議似乎觸動大部分民眾的神經。總之接下來的星期日有示威行動，預計將有數十萬人參加。

這裡到底發生什麼事了，我困惑地問自己。

對共產主義滲透分化的恐懼

乍看之下，抗議的理由似乎不足：又一個與中國達成深化貿易關係的協議。這次是有關服務業，總統可能認為在國民黨佔多數的立法院不需再太多討論就可以推動通過。這目標是成功了，但在立法院外，協議內容以及立法院內倉促通過的方式皆引起不滿。協議的細節以及將對台灣民主可能造成的後果，民眾知道的太少，媒體也屬於服務業嗎？如果是，台灣媒體難道不會被中國大陸媒體影響控制，眾所皆知，中國大陸媒體常是國家宣傳的工具。

我們大可暫停片刻，欣賞一下台灣政治話語的轉移，這在這裡變得明顯：數十年來，國民黨一直在對抗對岸共產主義的滲透威脅，到處可見保密防諜的口號。在白色恐怖的高峰期，只要在學生讀書會中提到馬克思的名字就足以啟動國家鎮壓機器。最後是不少人被送進臭名昭著的綠島監獄。唯一一個和為共匪工作一樣有致命嫌疑的是爭取台獨。而「獨」常常被同音字「毒」取代，「鼓吹台灣獨立的毒渣」這是形容社會內第二大敵人的說法。

那現今又如何呢？

二〇一四年，台灣是一個民主國家。賦予的自我想像早就不再符合國民黨長期以來對它的臣民所灌輸的形象。對學生而言，自稱台灣人而非中國人已經不是抗議行動，而是理所當然的事情。而這就是所謂的天然獨，天生就相信台灣獨立的人。聽起來可能有諷刺意味，其實挺合乎邏輯的，尤其國民黨對共產黨滲透的恐懼轉向其台灣境內的對手時，那曾經大權在握的政黨正在拉攏對岸的大敵。

儘管他們意識形態分歧，但團結在一個信念上：即台灣不能獨立，因為台灣是中國的，而且必須永遠保持下去。然而這和許多台灣年輕人的生活感受相去甚遠，他們更擔心的是政府的政策破壞他們家園的獨立性。自抗議活動爆發以來，馬總統不斷重申協議的利大於弊，他越這樣做，越引起那些他試圖安撫的人的不信任感。毫無疑問，總統面臨了一個問題。

陳水扁和馬英九：敵對的兄弟

把台灣近代五十年的政治史寫成兩個死對頭陳水扁和馬英九的雙重傳記，是個誘人的想法。但是限於篇幅，我只能做個簡單的速寫。兩人都在一九五〇年出生，都是法律系畢業，均擔任過台北市市長（陳一九九四～一九九八，馬一九九八～二〇〇六），之後擔任總統（陳二〇〇四～二〇〇八，馬二〇〇八～二〇一六）。除了這些共同點之外，他們幾乎完美的體現了兩個政治社會陣營，兩陣營的衝突造就台灣社會的不安和緊張。

關於陳水扁，之前已經提過，他出身台灣南部的一個貧苦農家。勤奮好學加上有天份，他考上台灣最高學府台灣大學，他在大三就已經考取律師執照，成為台灣最年輕的律師，在參與黨外運動中政治意識受啟發進而熱衷參與，他在黨外運動中從事律師和出版相關工作，在高雄事件中，之前提過他的角色讓他聲名大噪，該事件是針對《美麗島》雜誌社成員的審判。他的委託人女權運動先驅呂秀蓮在一次人權示威活動中發表了一篇長達二十分鐘的演講，當中批評了政府，因此被以暴力叛亂罪名判了十二年有期徒刑，她入獄服刑五年半。二〇〇〇年她成為陳水扁的副總統。

高雄事件發生時，馬英九人在美國，說得更清楚些，他正在哈佛法學院就讀。他的祖先來自中國大陸，但是他是父母逃難到台灣途中在香港出生的。他的父親是抗日戰爭中國民黨的高級將領，他們家族譜可以追溯到兩千年前的漢代。在回台為蔣經國效力之前，他曾短暫在華爾街工作過。如果說陳水扁是出身黨外的公民權運動，他的對手馬英九可以說就是出生在國民黨內，而且是在總統的門廳學的功夫。陳是從貧苦中往上爬的人，馬則是權貴子弟。一個一生始終帶著煩躁不安的特質，具有激進分子義憤填膺的戰鬥態度，後來戲劇性的自我形塑成「台灣之子」——這也是他自傳的書名。另一個相貌出眾、具聰明才智，還沒當上總統就已經有總統的架勢。他對自己是中國人的認同，就和陳認為自己是台灣人一樣堅定。馬英語流利——陳根本沒辦法——，但是馬試圖用台語打動潛在選民，讓人感覺是精心算計，帶有討好的味道；一個認為台灣獨立是長遠目標，另一個相信逐步統一的可能性；一個一開始視中國為軍事威脅，另一個則視其為祖國。對其中一個而言台灣是故鄉，對另一個而言則是家族流亡之地。然而他們兩個有一個共同的命運：隨著總統任期越久，民眾的反抗越劇烈。如果說馬英九上台是為陳水扁的混亂任期之後找到穩定，隨著時間他必定發現自己也成了眾矢之的。

新的積極分子

那我們就回到二〇一四年。至於三月十八日晚上一群學生是如何進入立法院並且設置路障的，目前還不清楚。而且在事件的進一步進展之後也不再那麼重要。受到他們成功的激勵，有一些激進分子想要進一步攻佔總統府，但是警方不容許，接著發生台灣多年來最嚴重的街頭衝突。催淚瓦斯、高壓水槍和橡膠警棍全都上場了。第二天各大報紙上的頭版上，撕裂傷和其他受傷的照片格外引人注目。儘管很多台灣人不贊成示威者的行為，但是警方嚴厲的鎮壓令許多人震驚。自此開始，爭論不再是只繞著支持和反對有爭議服貿協議，而是老問題，台灣究竟是怎麼樣的社會，以及想成為怎麼樣的社會。抗議的學生堅持舊問題應該要有新的答案，由於那些既定的政黨沒有答案，那他們只好自己給。

我就在這些抗議活動的高潮中抵達，我們的計程車越是接近台北藝術村，我越是認不出這座城市。立法院周圍的十字路口全設了路障，鋪了鐵絲網，武裝警察監視著這裡風吹草動。緊張的寂靜籠罩著現場。藝術村旁邊的大型停車場被警車佔據，這是我在台北從沒遇過的景象。

在立法院前的街道又是另一番景象。這期間台灣各地的學生湧進首都台北參加抗議活動。人行道上一排又一排五顏六色的帳篷，到處掛著海報和橫幅標語，大家坐在臨時搭建的舞台上互相討論。氣氛輕鬆，幾乎有如音樂祭，總之讓人想到一個辦得特別好而且執行非常成功的音樂祭。團隊負責提供食物、飲料，垃圾也有人收集，當然是分類的。抗議活動早就有了企業識別：顏色是黑色，太陽花是象徵符號，出現在每張海報上。溝通是透過臉書或是LINE，零星還是有老派的學生工作團隊聚集在一起，清楚繪製服貿協議不同組成部分的詳細圖表。

絕不是只有學生，你也可以看得到年紀大的市民參與討論。一位女士，我猜大約七十幾歲，她站在台上，講述她的故事。在一張陽傘下一群年輕人圍坐在一個老先生四周，他頭上綁著「我支持服貿」的標語，沒有人辱罵他。

對很多台灣人而言，這些抗議活動像憑空而來。對我而言也是，在里斯本我對歐洲緊縮政策的結果更感興趣，國際新聞主要是報導在克里米亞的事態，但是密切關注台灣社會的人對最近事件的擴大應該不會訝異。加拿大記者寇謐將（J. Michael Cole）後來將他的報導集結成《黑色島嶼：一個外籍資深記者對台灣公民運動的調查性報導》（*Black Island-Two Years of Activism in Taiwan*）一書，書中他概述了太陽花運動發生的前因。根據書中所述，這兩年來年輕積極分子對抗地方弊端的事件增多。通常是因為新的建案，當地原本居民的土地被強行徵收。這裡一座購物中心，那裡一座風電場。重點不在於意識型態的問題，而是地方政府的行為以及無視弱勢族群的權利。所有這些可能導致媒體的報導較少，例如苗栗大埔事件，即使有兩萬多人在總統府前示威吶喊。

那是二〇一三年八月的事。

積極分子不是利用傳統的媒體而是利用網路，他們架設網站，搜集數據，紀錄官方的錯誤行為。他們大部分是台灣最好大學的學生，但是比他們的教育背景更引入注意的是，他們的行動打破了台灣政治傳統的衝突界線：他們有些來自台灣家庭，有些來自外省家庭，但是這不影響他們的熱衷參與。在他們眼中台灣的政黨政治在中國大陸人與台灣人對立的舊遊戲中面臨耗盡的威脅：國民黨在陳水扁當上總統的震驚之後，再次穩穩掌權而且對他們的舊支持者繼續實行附庸政治，而民進黨則是把反對黨的角色限定在偶爾把南部的支持者整車載到台北，讓他們搖旗吶喊幾個小時，然後又坐上巴士回家。換句話說，國民黨把利益給那些原本就擁有很多的人，而民進黨則動員那些再怎麼樣也不會投給其他政黨的人——時候到了，一些聰明的大學生想應該來攪亂一番。

「捍衛民主，退回服貿。」

三月三十日，陽光普照的日子。我揉眼睛不是因為陽光刺眼，或是因為到達的第二天還在調時差。五十萬人，大部分人身上穿著黑色的T恤，額頭上綁著黃色的頭帶，聚集在台北市中心，由年輕人主導，但是我也看到很多家庭和長者。我在台北看過許多的示威活動，也參加過一些，但是像今天這樣的場面我從來沒遇到過。示威活動開始之前已經有很多參加者坐在地上，由於群眾人數太多也無法形成隊伍遊行。總統府前的大道上早就沒有空位了，古老的東門沉沒在一片旗海中，在那後面聳立的建築是過去國民黨的總部。在失去權力之後，國民黨不得不節省同時縮小組織結構，所以在幾年前總部已經搬家，房子賣給了一個基金會。新主人顯然認為之前指向總統府的那兩道磚臂不合適，於是很快就拆掉了。再往南幾步，中正紀念堂還在，但是前面的廣場已經改名為自由廣場。

「捍衛民主，退回服貿。」是示威的口號，大部分的示威者頭巾上也都寫著這訴求。大幅標語呼籲馬總統下台，諷刺的是，那正是他自己頑固捍衛服貿條款的一句話：利多於弊。我一再看到「今天不站出來，明天站不出來」這句話。也到處看到示威者身上的T恤上印著「Fuck the Government」。但是我很少看到綠色，民進黨和台獨運動的顏色，雖然大多數的示威者可能親綠營而不是親藍營國民黨，但是今天的抗議活動超越黨派，雙方都應該牢記年輕人也想共同決定台灣的現在與未來。我看到一幅橫幅標語寫著：「我們會長大，你們會變老。」清楚表達究竟事關誰的未來。

在市區內的不同角落搭建了舞台、銀幕、巨大的喇叭箱，顯然示威者不乏組織能力。他們的領袖和之前發起許多被社會忽視的抗議活動是同一群人，這些抗議活動最後催生了太陽花運動。其中一名是二十六歲的政治系學生林飛帆，他在示威結束時發表演說，台灣所有電視台都在現場直播。這位年輕人台風穩健的對他的聽眾——這時是全國——說明，這只是開始。他說到馬英九雖然面目帶著笑容，但是大家不該被他愚弄，總統應該好好聆聽人民的聲音。從如雷的掌聲來看，那天所有人都有同感。倘若我是屬於國民黨的政治家（極度不可能的設想），我一定會好好思考。

在示威活動達到最高點之後，問題來了：接下來該如何繼續。乍看之下抗議的目標沒有達成，因為總統堅持他的協議。但是抗議的的確確震撼了台灣社會，再說，每個人都知道示威不可能永遠持續下去，更不要說佔領立法院，示威者的訴求終究就是要立法院能夠採取行動。因此他們宣布四月十日盛大退出立法院大樓。

這天晚上再次有三萬人湧進立法院大樓周圍的道路。之前幾天學生們徹底清理打掃，並且宣布他們打算把場地整理的比他們進來時狀態更好。現在人潮擁擠，從我的位置我已經聽不清楚。偶爾掌聲雷動。雖然佔領一個由人民選出的議會是非常不民主的行為，但是根據一份報紙的民意調查，有七十%的台灣民眾認為太陽花運動促進了台灣的民主。同時過去幾天在親政府的電視台可以一再看到憂心忡忡的家長，他們懇求孩子恢復理智：想想自己的未來，努力用功讀書，不要睡在立法院前的帳篷裡。充滿活力的台灣現代社會仍舊有著儒家的DNA，其最高價值是尊敬父母和老師。如果年輕人變得叛逆，立刻可以惹惱長輩。「我們沒有把他們教育好。」馬總統最近在談到那些要求他下台的學生時說道。

當「讓台灣民主發光」的口號一喊出，上千的手機在黑夜中發光，每個人唱起滅火器樂團所創作的歌曲《島嶼天光》，那是示威活動非正式的代表歌曲。歌詞開頭就非常有儒家精神：「親愛的媽媽／請你毋通煩惱我」，但是又說「我欲去對抗欺負咱的人／天色漸漸光／遮有一陣人／為了守護咱的夢／成做更加勇敢的人」。我女朋友眼裡含著淚水，她不是唯一一個。「現在是彼一工／勇敢的台灣人」歌曲結束。然後又是一陣如雷的掌聲。我至今在台灣經歷過的最動盪的三個星期結束了。

接下來幾天，日子慢慢恢復常態，剛開始還覺得有點不太習慣。帳篷拆了，橫幅標語收起來了。但是政府似乎還不太信任眼前的和平，路障和鐵絲網過了一段時間才不見。一個星期之後台北藝術村旁邊的停車場才有人停車，不再停警車。目前來看除了對抗議活動的記憶，會留下什麼還看不出來。但是半年之後就顯現出來了：年底的地方選舉，國民黨慘敗。

抗議事件不只是在政治上留下痕跡。翌年夏天金曲獎舉行——這獎可看作是華語世界的葛萊美獎——由台灣文化部贊助，獨立的評審團決定得獎名單，因為香港和中國的藝術家也獲得提名，所以典禮也是現場轉播。當《島嶼天光》獲得最佳年度歌曲獎的時候，中國國家電視臺隨即中斷轉播並且結束廣告。在後來宣布獲獎者的新聞中，年度最佳歌曲的獎項也遺漏。所以說有件事情沒有改變：如果台灣人打算為自己的夢想勇敢站出來，台灣海峽對岸就非常緊張了。

附言二〇一六：台灣第一位女總統

二〇一六年一月，台灣總統大選，台灣人再次希望政黨輪替。民進黨候選人蔡英文以五十六%的票數贏得選戰，成為第一位台灣女總統。國民黨遭受空前的失敗，首度在國會中失去多數席次。新成立的政黨時代力量，有四名代表進入國會：太陽花運動的種子發芽了。

此時我再次回到台北生活，我非常注意選戰。我發現，蔡英文的政見中很少提到中國，而是強調勞工議題和可負擔得起的居住空間。少些意識形態，多些實用主義，看來是未來總統的座右銘。有人說蔡英文以安格拉·梅克爾（Angela Merkel）冷靜樸實的風格為榜樣。她畢業於美國康乃爾大學和倫敦政經學院，在陳水扁任職總統期間，她擔任陸委會主委，她非常清楚在外交政治她的迴旋餘地有多狹小。要讓台灣經濟起飛，同時不讓台灣過分依賴敵對的鄰國，這如同走鋼索。此外她顯然憑藉社會的軟實力，在這個社會中一個沒有強大家庭關係的未婚女性也能當選總統——雖然遭受所屬政黨內部極大的抵制。「穿裙子不適合當總統」，有內部對手這麼說。另一方面，蔡英文在前一年曾在一次演講中宣告，台灣將以自身為例子，以自由民主的精神打造亞洲新價值的典範。要知道，在東亞，尤其是中國，提到「亞洲價值」通常是與西方的民主自由主義的理想對立。因此在系統的競爭中台灣要採取攻勢。

我很想在外面度過選舉之夜，見證勝利者的集會，但是因為左小腿的血栓讓我沒辦法出門。我的腿又腫又痛，所以我只能坐在電視機前，膝蓋上放著筆電。「蔡英文」、「選舉」這一類的關鍵詞，傍晚開始就已經在中國的社群平台上被屏蔽，但是讀香港評論就能感受到台灣的例子在當地如何發生作用。當我面前的銀幕上新當選的總統在發表勝利演說時，一位年輕女人貼文說：「我們什麼時候也能做到？」蔡英文正在告訴她的支持者，二〇〇八年當陳水扁的總統任期以史無前例的屈辱結束時，她曾承諾要將淚水化為笑容，現在她辦到了。歡聲雷動，旗幟飄揚。那位來自香港的年輕女人寫道：「我淚流不止。」

如果她此時知道自己的城市在未來的幾年將面對什麼，她的反應或許會更加強烈。

第四章　台北：一個城市的蛻變

所以自二〇一五年春天我又定居台北了。在台北的松山區，我和太太合住在一間五樓公寓頂樓的小屋，和我十八年前的家很像，但這次甚至是合法的。這屋子對兩個人來說其實是太小了，但是我們享受有個寬敞屋頂露台的奢侈。旁邊的「公園」是一小塊的綠地，那裡有兒童玩樂設施、一些簡單的戶外健身器材以及一塊空地，清晨和傍晚有跳舞社團在那裡跳廣場舞，他們動作劃一的擺動手腳。這一種形式的運動，在東亞以外很少在公共場合進行。在里斯本的時候我住在馬丁莫尼茲廣場（Martim Moniz）的上面，從窗口可以觀察一群中國大媽在那裡做早操，廣場上的所有夜貓子還有二十四小時酒徒在一旁嘲笑，有時還有人手裡拿著啤酒罐跟著跳。

不過這種情況我在台灣沒見過，而且我也沒法想像。這裡深受日本影響，在公共場所人與人的互動通常是很有禮貌很體貼——和日本不同，這點甚至適用在這裡的捷運上。

松山區是非常具有台灣特色的社區，也就是說，街上很熱鬧而且有很多的宮廟。很多是土地公廟，我們搬到這裡的時候，我太太去拜了我們的土地公，去報到好讓土地公保佑我們。至於她是不是真的認為這樣就能消災我不確定。因為沒有更好的術語，稱之為台灣和東亞的宗教可能不是準確的，這是個困難的領域，最好是不要問人有何信仰，而是觀察他們在不同場合的作法，更容易理解，不論是在廟裡或是在家裡的神壇前。帶基督教背景的固有思維方式，反而妨礙理解這裡的宗教文化。

住松山的外國人很少，所以大部分鄰居都認得我。我沒有遇到過對我有所保留或拒絕我的人。頂多在遇到我的時候保持謹慎，因為他們不知道能不能和我溝通。如果我開口而且清楚表達，他們的讚嘆中會帶著一絲的如釋重負。就算只能用蹩腳中文說「你好」的外國人，最常聽到的一句話一定是「你的中文很好」。在附近的餐館，老闆看到我看得懂菜單總是會稱讚兩句。對我來說這是一項特別有用的能力，因為我們的住處沒有真正的廚房，我們經常在外面吃。這裡餐館和商店種類繁多。

走路幾分鐘的範圍內大概就有一、二十家價格親民的麵館，吃飽只要花三到五歐元。松山車站購物中心裡還有十幾家稍微貴一點的餐廳，以及常見的速食連鎖店。還有一間路邊小店、一家超市、兩家麵包店、四家便利商店，例如7-11和全家，全都是二十四小時營業。誰想要買三十公斤袋裝米或十公升裝醬油，也找得到地方買。除了飲食方面的需求，這裡有三家藥妝店、各種美髮、美容和按摩店、五座宮廟、一家印章店和一家賣衣架的店（Hangers House）。除此之外還有一個非常有趣的雜貨店，但是我都叫它「雜亂店」，因為除了食物，你什麼都可以買得到，但是沒有老闆幫忙，你什麼都找不到。這些對一個台灣的住宅社區而言是很正常的數目，頂多那五六間的廟宇用品店——香、紙錢、神像和祭祀用品——讓這個地區有點特殊的風情。我還沒數完，還有兩家茶店，還有一家以Passions make Dreams come true（熱情讓夢想成真）為經營理念的花店、一家算命館、紅鼻子咖啡店、一家寵物配件店、一家機車安全帽店、兩家中藥店等等……儘管台灣人現在都在網路上購物，而且像富胖達（foodpanda）這樣的外賣服務也打廣告，除了送雞腿也很樂意把新的手機充電器送上門，幾乎每棟房子裡都有一家店，儘管網路商店盛行，但是零售業仍然如此蓬勃發展，可以說是一個謎。

我岳母住在中正區，離我從前在仁愛路可以觀看示威活動的頂樓住處不遠。在殖民地時代那是昂貴的一區，高級官員住的地段。後來國民黨幹部就搬進那些日本房舍。但多數的木屋已經拆掉改建公寓大樓，公寓大樓的建築形式完全改變了街道的樣貌。除了兩家7-11和幾家餐館，旁邊的巷弄幾乎沒有任何商店。房子的大門隱藏在高牆後面，除了停放的汽車，巷子裡空蕩蕩。在松山的家我一出門，可以直接看進鄰居家的客廳，通常電視是開著的。屋簷下晾著衣服，小巷子裡擺著花盆，開車的人有時不得停車，要先下車把小孩子的腳踏車挪開。遺憾的是狹窄的通道並沒有阻止任何人買太大的車子。就如同德國人買SUV休旅車的病毒傳染程度，已經如疫情一般，而且沒有疫苗。

接下來我要透過時空漫遊來探索台北市。根據維基百科，台北有兩百六十萬居民，只是台灣排名第四的城市，但這容易誤導，因為在還有三百九十萬人居住在比鄰的新北市，同屬台北大都會區。然而以東亞的標準而言，台灣的首都並不算是大都會：香港、上海、東京或首爾是另一個等級。有個朋友有一次貼切的把台北形容成迷你摩洛克（譯註：Moloch原是中東地區大的一個神祇，在當代歐美語言，有特定的引申義，象徵金錢、權利或犧牲價值觀的社會或系統）。台北住屋和綠地狹小並非偶然：這裡每平方公里有九千八百位居民（柏林是四千人）。從歷史上來看，我們可以把台北比喻成一本由一系列對彼此有敵意的作者合寫的一本書，因此每個作者盡力抹去前面的章節，直到只剩自己的敘述。幸好沒有人完全成功，因此今天仍然可以找到蛛絲馬跡，只是你必須知道到哪裡去找。

中國的縮影

在開始搜尋線索之前，我們先來看看城市地圖。一九四五年日本人撤退——順便一提，這整個過程拖了兩年的時間才完成——中國大陸人跟隨蔣介石來接收台灣，之後台北所有的街道名稱全改了，這我們在兩德統一之後也經歷過，但是我們處理的方式，比不上這裡的系統化。中華民國的新首都，也就是所謂的臨時偏安首都，必須呈現正落入共產黨手裡的龐大帝國的地理以及文化精髓，不可以留下任何痕跡讓人想起曾經被日本統治過的恥辱。然而如果考慮到中華民國總統府是從前日本留下的台灣總督府，很快就會發現其實這個企圖毫無指望。

我們從史料中得知蔣介石親自參與了更名而且詳細的制定了規範。他甚至對新路牌的大小和形狀都很在意。原則上過程是：大型林蔭大道和連接街道——當然是殖民時代城市建設現代化的產物——被賦予名稱是儒家價值觀或國民黨官方意識形態。屬於後面這一類的包括中山路，這街道名稱在台灣和中國大陸的每個城市都看得到，因為台灣海峽兩岸都崇拜國父。此外，以孫中山的「三民主義」命名的三民路，儘管理論不足，但此建設現代中國的藍圖，國民黨奉之為聖經。鑑於其重要性，不言而喻這三個主義都有以其命名的道路。

形成台北東西大動脈的平行林蔭大道，命名依照的是儒家價值觀。先是八德路，然後是四條道路，每條道路都有八德中的兩項：和平路、信義路、仁愛路和忠孝路。儒家傳統過度重視列舉和排序，三千年來，讀書人以此來消除對混亂的恐懼。在八德中特別彰顯的是連接總統府和市政府之間的八線道仁愛路。在這條路上有時會塞車到有情緒，只能以龜速前進。

在這個意識形態的網格中，有無數的小街道，上面寫著中國城市、省份和風景的名字。其排列基於鬆散的地理位置。所以如果你發現自己在成都路上閒逛，只要知道成都是四川省的省會，位於中國大陸的最西部，就可以斷定你在台北的西部。說得更清楚些，你現在在西門町，也就是在早就拆除的西門周圍的舊娛樂區。然而在這裡，要不是意識形態者粗心大意，就是懶惰群眾的習慣佔了上風，因為結尾的「町」是殖民時代的殘餘物，是日本式的遺跡，指的是大城市建築群中的小社區。

順便一提，我和太太住在虎林街。台灣沒有老虎，所以也沒有虎林，我們必須要往中國看，在前滿洲地區可以找到我們要找的東西。二十年前的一次旅行，我親眼看到那裡的老虎。人工培育出來的龐大動物，目的是有一天放生到地廣人稀的東北土地。然而，我發現用來為牠們在野外生活做準備的方法是有問題的。遊客乘坐裝了鐵窗的巴士穿過那個培育的區域，並且可以購買活的飼料（雞、鵝等──，對老虎而言算零食）然後從天窗扔出去。這些動物當然已經內化了這一課而耐心地跟在巴士後面小跑，直到下一頓飯真的落在爪子前面。我提醒這一點，萬一你打算從台灣去造訪滿洲。避免偏遠的巴士站！老虎是聰明的動物，牠們知道：巴士送來食物。

如果你發現自己在台北的松仁路這樣意識形態無害的街道上，你可以推測，你來到了台北一〇一附近的新區。命名這地區街道時，獨裁統治已經成為歷史。不過在這裡買一戶貴得離譜公寓的人，一般都不是台北人，因為土生土長的人都知道，這裡曾經是刑場，死人陰魂不散。

從大清帝國到日本帝國

台北雖然歷史曲折多樣，但並不是一座古城。傳統的政治和經濟中心在台灣南部，也就是今天的台南市。直到十九世紀末，清國朝廷才開始將台灣更緊密地整合到自己的行政體系中，於是向台北轉移。在今天的市區當時有兩個華人聚居地，都在淡水河東岸。艋舺（今天的萬華）和大稻埕，這兩地居住著敵對的氏族，為了不得罪任何一方，新省城乾脆就置於其間。一個有圍牆的定居點出現了，最初有五個城門以及通常的權力標誌：巡撫衙門、官員考試大廳和一座孔子廟。這一切才剛建立起來，大清帝國便在一八九五年對日本的戰爭中失敗。如何將擁有數千居民的台北府這小城變成一個現代化的大都市，就留給勝利者來決定了。

在殖民時代，作為世界上第一個非西方國家的殖民地，台灣成為日本人展示其殖民主義優於西方的範例，因為他們開發了自己的殖民地，而不僅僅是剝削。這裡的成功推動了後來的計劃，讓亞洲其他地區共享日本統治的好處（大東亞共榮圈）——眾所周知的結果，至今仍然使這地區的政治關係緊張。台灣主要是作為母國的原材料供應地，包括中央山脈的珍貴木材，北部的金礦和銅礦，南部肥沃的平原（適合種植水稻、菸草、甘蔗和熱帶水果）以及茶葉生產。然而首先必須建立的是現代基礎設施。自一八六八年明治維新以來，日本推行了史無前例的現代化計劃，現在擴展到新的領土。

到目前為止台北的設施還不足以實踐這些雄心勃勃的計劃。日本人視為榜樣的不是中國的省級城市，而是像柏林和巴黎這樣史無前例煥然一新的大都市。作為一個現代首都，台北不僅是要合乎目的，而且要具代表性，這需要空間，所以首先要做的就是拆除城牆！這必須讓位給開放的三線林蔭大道，這在今天還找得到痕跡，例如在國家圖書館和中正紀念堂之間的中山南路路段：三條寬廣柏油車道和中間綠樹成蔭的分隔島。

中國巡撫衙門也被認為份量不足。日本總督的新官邸融合了新古典主義和巴洛克元素以及些許文藝復興時期的建築。共十一層的中央塔樓，長期以來一直是島上最高的建築，台灣總統至今仍在這裡辦公。這座建築於一九一九年完工，朝東面向冉冉升起的日本太陽和在從前舊城門前興起的新住宅區。那裡住著不斷增加的殖民地官員。

基於其他原因，一九一九年對殖民地來說也是重要的一年。在那之前，日本人和當地人一直生活在一種種族隔離概念出現之前的隔離政策中，而現在一整套影響深遠的改革開始了。逐步同化是第一位文職總督的信條。以日語為教學語言的公立學校系統擴大了，中國的私塾消失了，禁止通婚的禁令也取消了。因此這兩個人口群體在日常生活中開始逐步接近，但當然所有的領導地位都掌握在日本人手中。正如一位歷史學家所說：台灣人應該學會像日本人一樣生活，但他們不應該自以為是日本人。

那一年發生了另一件重要的事情，不是在台灣，而是在中國：凡爾賽和約上，反對無視中國利益的抗議活動發展成為所謂的五四運動，現在我們知道那是中國發展民族意識的一個里程碑（下一個更重要的里程碑是近二十年後爆發的抗日戰爭）。儘管中國和台灣自一八九五年以來就已是獨立的政治實體，而台灣曾經所屬的帝國自一九一一年革命之後已不復存在，但到現在海峽兩岸才發生重大的社會變化，以致所謂的同胞在一九四五年之後再次相遇，完全陌生。

自此之後中國傳統在台灣遭到系統性壓制。隨著傳統私塾的關閉，日本人切斷了儒家傳統的臍帶。起初本地上流社會仍然將他們的後代送到此類具古風課程的機構，但興趣逐漸減弱。儒家教育一直以來意味著塑造品格而不是傳授知識，這對於在快速現代化的環境中尋找工作幾乎沒有幫助。殖民地台灣需要懂日語的本土技術人員，而不是會背誦論語的博學紳士。在皇民化時代，台灣人也受益於日益繁榮，但並未獲平等的地位。升學幾乎完全是為殖民精英的後代保留的。理由是本地人的語言能力較差，但他們越追趕上，日本人對就業市場競爭的恐懼就越大。富有的台灣家庭開始把他們的兒子——很少是女兒——送到教育制度較少歧視的日本母國。台灣人從一開始就可以暢通無阻就讀的唯一學科是醫學，因為僅靠日本人無法提供對醫生的需求。本地兒童義務教育是在一九四三年才開始實行的，但即便如此，也並沒有徹底實施，部分是由於太平洋戰爭，部分是由於傳統思維方式的持續存在，使女孩的教育僅限於準備結婚。

波麗路和炸彈

一九三〇年，台北大約有二十五萬居民。從當時的照片可以看到現代化、多樣化的街景。你可以看到穿著和服和中國旗袍的女性，也可以看到穿著西式裙子和襯衫的女性。男人有時穿西裝打領帶，有時穿浴衣和日本木屐。由於當時只能在白天拍照，所以通常看到的孩子都是穿著校服。人力車、公共汽車和少數汽車在街上穿梭，店牌是中文或日文，夾雜英文。在日本官員的住宅區，主要是單層的木造房屋，而大稻埕和萬華的本地中產階級則住在狹長的三層磚房中，今天在迪化街周圍的小巷中仍然可以看到精緻的房屋門面。一九三四年最早的西餐餐廳之一波麗路西餐廳在這裡開業。現在有兩家，這是台灣的一個普遍現象：爸媽把生意交給兩個鬧翻的兒子繼續經營，而小的那一個就開自己的分店。兩家波麗路就開在隔壁，我問到哪家才是本家時，我得到一致的答案：我們家！

當時台北的公共中心，位於現在由火車總站和西門、小南門和台大醫院三個地鐵站構成的區域內。這裡有現代化的咖啡館和茶館、精品店和電影院、台灣第一個公園，最重要的是，還有一棟裝設電梯的七層百貨公司。周圍的街道以「台北銀座」而廣為人知。這裡吸引了本地民眾，他們的生活方式與殖民主人的生活方式幾乎沒有什麼兩樣。一九三五年為慶祝殖民四十週年，舉辦了一場涵蓋整個台北的大型展覽。回顧過往，人們幾乎傾向於說那是殖民時代的高峰。

如果沒有一九四五年的轉折點，今天的台灣很可能是一個根源稍有不同的的日本島嶼，類似沖繩。戰爭阻止了這一點。隨著日本擴大對中國的軍事介入，日本人將台灣人培養為天皇忠誠臣民的努力越加激烈。皇民化政策具有獨裁特徵。寺廟被拆除並以神社取而代之，中國書籍和報紙被禁，百姓被迫改為日本姓氏。偷襲珍珠港後開始強制徵兵入伍。因為不能確定這些所謂「志願者」的忠誠度，他們很少被派到中國的作戰部隊，通常是到提供補給的部隊，但是最終全面戰爭接踵而至，不得不要求全面犧牲。對於這種情境，歷史學家也找到一個簡潔的表述：過去台灣人必須學會像日本人一樣生活，現在他們必須甘願為日本而死。

在日本軍隊服役的二十萬多名台灣年輕人中，約有三萬人再也沒有回來。他們當中大多數是原住民。此外，還有一兩千名台灣「慰安婦」被迫在日軍妓院當性奴。今天「阿嬤家——和平與女性人權館」就是紀念她們命運的博物館。

在太平洋戰爭即將結束時，台灣本身成為了戰區。我太太曾經告訴我，她是如何第一次聽說一九四四年秋天開始對台灣進行的空襲。在一九四五年五月三十一日的猛烈轟炸中，大約三千人在台北地區喪生，無數木屋被燒毀。當然是美國人發動的空襲。我太太是在一九八〇年代上國小，當時美國是台灣最重要的盟友，所以學生不應該了解過去的這一章。歷史課上沒有提到空襲。當我太太聽長輩講到當年躲警報的故事，制約反射斷定：一定是日本人！這沒有什麼意義——誰會轟炸自己的殖民地？——但從這裡可以明顯看出來國民黨宣傳的有效性。壞人的角色基本上是日本人或共產黨人扮演。從當時的小學生的角度來看，問題是：美國人為什麼要空襲對他們一直以來如此友好的台灣？

第五章　專政與民主：蕃薯的長征

到現在為止我們已經毫不費力氣的穿越時空漫遊了台北；現在我們就去散個步。我們從台北市中心舖了石磚的巨大廣場開始，我在一九九六年第一次來到這裡。這廣場非常重要，以致現在有兩個名字。如果看地圖，你會發現廣場和附近的地鐵站有同樣的名稱：中正紀念堂。然而，一走到那個區域，抬頭看拱門上那巨大的牌匾，上面寫的是自由廣場。你可能已經猜到，這種雙名的背後藏的是政治認同的抗爭。

廣場的盡頭是中正紀念堂，這也是這建築群的原來名稱。台階通向坐著的獨裁者的銅像。一九九六年我參觀地下層的展覽，內容令我驚訝，因為毫不掩飾的歪曲歷史，雖然現在改的更接近現實，但仍不得不稱之為粉飾。從歷史上看，國民黨與歷史真相的關係一直是戀愛而不是婚姻——偶爾約會，是的，但是拜託不要有承諾和義務！我們就忽略展覽。

當時我第一次來到這裡的時候，大門上寫著「自由廣場」的牌匾原本還是：大中至正。所謂中正是正派專制者的德行。在大門外面，也就是在標記老城牆路線的街道對面，就是國家圖書館。二〇〇五年我在那裡六樓的一扇小窗後坐了半年，沉浸在哲學家牟宗三的著作中。那期間我偶爾在閱讀之餘抬起頭，看著我們現在所在的廣場。萬萬沒想到兩年後，一場關於它合適名稱的爭論會惡化演變成一場荒謬的爭論。

在神聖的殿堂喧囂

回頭說說陳水扁。在這位民權運動總統眼中，一座在台北市中心為統治台灣數十年的獨裁者蓋的紀念堂，當然是眼中釘。當時台灣大約有四千五百座蔣介石雕像，如果你想知道這算是多還是少，可以參考這個數字：在一九一四年左右俾斯麥崇拜的鼎盛時期，比台灣大得多的德意志帝國大約有五百座鐵血總理雕像。之前已經提過，雖然陳水扁當市長的期間給總統府前的那條很短的道路另取了一個名字，紀念在第一批漢人來定居之前就居住在此的原住民。現在要解決已故獨裁者個人崇拜的核心問題，陳一直等到二〇〇七年，也就是他第二個任期即將結束的時候，才試圖拔掉他眼中的刺，事實顯示了他所預期的阻力。

中正廟更名為「台灣民主紀念館」。各種與蔣介石銅像無關的文物突然漂浮在銅像周圍，但這些文物反而又讓人想起原住民，從而想起台灣在中國歷史之前的歷史。獨木舟、面具和紙鳥垂吊在天花板上，照片牆上紀錄了民主社會的長期抗爭，中間的青銅雕像只是眾多展品之一。我當時參觀了大廳，而且認為這種行動使遍布台灣社會的政治分歧更加明顯，甚至風格及文化問題的差異突然也變得觸手可及。

國民黨是一個老政黨，為神聖的使命所塑造，並因最終的失敗而筋疲力盡。它推翻了大清帝國，使中國成為一個民族國家，不惜巨大的犧牲抵抗了日本的入侵，並試圖在戰爭年代的混亂中建立新的秩序，但傳統上它不在乎民主。國民黨的態度是精英主義及男性主導，而組織上是列寧主義式的組織，他們的官僚機構的行動至今有時仍然好像認為選舉是對黨運作的干擾。他們認為為什麼要問人民？政府的合法性難道不在於政府比無知的群眾更了解該怎麼做嗎？讀過《蔣介石日記》的人都知道他對共產主義農民軍的冷嘲熱諷，這些傻瓜（Kartoffelköpfe）想以人民的名義結束千年傳統。該死，人民就是必須服從！

最終共產黨的傻瓜趕走了國民黨。原本屬於國民黨的龐大帝國，只剩下一個蕃薯形狀的小島。「光復大陸」的宣傳還掛在牆上，但這謊言老早就沒有人相信了；無論是在華盛頓或是台北，那些國民黨獨裁政權的支持者都開始明顯覺得尷尬。一九七五年蔣介石把他光復大陸的夢想一起帶進了墳墓。在他戰敗的軍隊曾經居住過的地區，也是過去日本軍營所在地建立紀念碑，是展示他想要看到的自己：一個有遠見的將軍和睿智的政治家。幾十年來，這個地方一直散發著宗教聖地的光芒。儀隊全副武裝，手持步槍守衛，標語牌上要求遊客不要大聲喧嘩。

然後在二〇〇七年，蕃薯來了，褻瀆了這個地方！突然間，聖殿看起來像個幼兒園：色彩繽紛，充滿童趣，一切都是手工製作的。年輕的台灣民主如同兒童浮世繪。國民黨覺得這場表演，就像上了年紀的教授發現學生惡搞的行為一樣：沒品味而且失禮。

二〇〇〇年陳水扁當選時，他的反對者歇斯底里的反應給人的印象是他們像是第二次經歷歷史創傷。彷彿他們在小島上的日子屈指可數，彷彿現在第二批農民大軍也已經揭竿而起追趕他們投海。究竟是誰提供了台灣繁榮和穩定呢？當然不是從南部來的嚼檳榔的人渣！這些人非但不感恩，反而反抗，不承認自己也曾是從中國大陸移民過來的，身上流淌著中國血統，反而傲慢地瞧不起一切中國的東西。他們談論白色恐怖，還夢想獨立。親國民黨的媒體集體倒吸一口涼氣。那些不清楚狀況的人一定以為這不是一場民主選舉，而是一場政變。

當「自由廣場」的牌匾取代了拱門上的「大中至正」時，那些蔣介石的信眾再也無法忍受。幾個月來，他們與對手進行了一場貓捉老鼠的遊戲，在夜間行動中牌匾拆了又裝，又發生了肢體衝突，直到警察最終封鎖了那一帶。此外屬國民黨的市長，和總統還就紀念館究竟是市府管還是國家管，由誰負責，由誰決定名稱等問題爭論不休。他們無法達成共識。隔年國民黨奪回總統府，馬上撤銷了紀念堂的更名，但是牌匾上的新書法仍保留，當時感到驚訝不只是我。他們不敢剝奪新爭取回之地的自由，即使只是象徵性的？

總之今天這個地方有兩個名字，每個人都可以隨自己喜歡怎麼叫。然而「自由廣場」似乎還未根生蒂固在公眾意識中。大吵了幾年之後，我對這個例子進行了實際測試，我自認中文說得相當不錯，我叫了計程車，請司機載我去「自由廣場」，他轉身遺憾地搖了搖頭說：「Sorry. No speak English.（對不起。不會說英語。）」也許是我的外表看起來就不像會說中文……

歷史整容的藝術

在我們離開這裡之前，讓我們再看最後一眼同時留下一些印象。紀念堂前巨大的廣場，幾乎空無一人，就如同獨裁者喜歡的都市中心。此刻你可能會希望閱兵隊伍經過，讓一點點的人氣進入偌大的廣場。站在這裡，你幾乎自動履行了不自由個體的第一個公民義務：感到無力感以及孤獨。

總之就是要你有這種感覺。然而台灣人對令人生畏的建築免疫，因此主宰廣場上節奏的不是軍事進行曲，而是更輕快的音樂節拍。白天音樂廳和劇院的側面的落地玻璃變成了巨大的鏡子，成群結隊的學生聚集在前面跳舞。精心排練的群舞在台灣是一種常見的休閒活動，除了我似乎每個人都在做。我公寓旁邊公園裡的女士們不需要鏡子，但年輕人需要在視覺上確定自己的明星魅力，所以他們每天下午都來這裡，讓這個地區充滿生氣。當規劃者在給城市規劃這超大型的廣場時，不可能考慮到這樣的用途。但是舞蹈活動僅限於側面邊緣地帶，蔣介石繼續坐在他的座位上眺望空曠的廣場，可以不受干擾繼續做他反攻大陸的夢。

我們就讓他一個人繼續做夢。

三線道的中山路是以孫中山命名，其歷史可追溯至殖民時代，我們右轉，面對一個更古老的遺跡：東門，那是清代五座城門之一，日本人保留了其中三座。今天東門坐落在一個繁忙的環形路口的中心，行人無法進入。東門原名景福門，裝飾色彩繽紛，坐落在帶拱門的石基上，擁有向外伸展的飛簷屋頂，遊客立刻可以認出這是典型的中國特色。專家當然更清楚，有人告訴我這種建築方式稱為北方宮殿式，主要見於北京。有趣的是，自一九六〇年代以來東門沒有別的作用，就是看起來要像典型的中國建築——為了實現這一點，當時進行了整修。

原本台北的城門並非北方宮殿式，而是簡樸得多。如今只有北門還保留這種特點，它離忠孝西路的橋很近（註：二〇一六年二月已拆除），近到開車經過可以在門頂上吐口水。顯然都市規劃者認為在這種情況下不需要加以美化，但東門和小南門都裝飾了雕刻及飛簷，好「整頓市容以符合觀光需要」，這是當時的政策方針。自稱是更好的中國，首都就必須看起來像中國。雖然我的猜測是，與其說是給當年少數來台的遊客看，不如說是要給那些受日本人教育長大的人看，他們或許已經忘記了一座正派的中國城門是什麼樣子。

因此整修了城門。這是國民黨努力說服民眾要他們相信真正的家園在大海對岸的一個例子，縱使大多數人從未到過對岸。我太太對高中地理課記憶猶新，課堂上她必須學習怎麼千里迢迢坐火車從北方的瀋陽到南方的廣州。課程目的並不是要你立刻能學以致用。首先，當時台灣人根本不能去中國旅行，其次，火車時刻表是一九三〇年代的，沒有人知道最新的時刻表。「我們的地理課是歷史，歷史課是神話」，這是她貼切的結論。一直到今天她還沒有去過中華人民共和國。

郭博士一肚子怒火

我們穿過馬路，進入台灣紀念文化中最重要的地方之一，也就是二二八和平公園。每次進去，我都會忍不住想起我以前的房東郭博士。二〇〇五年我在西門一帶住了六個月，每天到國家圖書館都會經過這個公園。我住的房子從前一定是旅館，至少走廊和房間的格局是這樣的。房東郭博士住在一樓，房子裡廢物堆到天花板。

見到他的人絕對猜不到，眼前是一位在日本大學獲得法學博士學位的前政府官員。郭博士看起來像個遊民。不管是他穿著打扮或講話的樣子，除了他有固定地址，連居家方式都是那個樣子。直到後來我才知道他開的是凱迪拉克。當我把地址告訴在國家圖書館負責照顧我的工作人員時，他們起初並不相信我。應房東的邀請，他們視察了住宿，他們認為這給外國客人住應該難以接受。事實上，在搬進去之前我打掃了三天，但租金很低，而且位置理想。我想我可以忍受半年。

只和我說英語的郭博士告訴我，他只接受「優質房客」。顯然我應該慶幸能當他的房客。住在這裡的幾乎都是外國男性，大多是當語文老師的美國人，通常深夜回家，而且很少是一個人回來。如果我在夜裡聽到尖銳的叫聲，我永遠不知道是他們在與女伴做愛，或者是女伴在浴室裡看到老鼠。當我自己第一次看到一隻老鼠時，是在我的餐桌上，而且是把我的餐桌當作是牠的餐桌，我衝到樓下找郭博士抱怨。

「老鼠肥嗎？」他問，像往常一樣只穿著他的汗衫和內褲（在特別熱的天他汗衫也不穿）。他身後是一條通往他的公寓的狹窄通道，通道兩邊成堆的報紙、盒子和鼓鼓的垃圾袋。

「很肥。」我說。

「那還好。」他點點頭說。「那些餓壞的小老鼠更可怕。」

說完，他轉身回自己的地洞。

我在這裡提到郭博士，是因為他是第一個讓我認識到今日台灣社會到處充滿鴻溝的台灣人。因為我是德國人，有博士學位，他平時待我很好，晚上偶爾會敲我房間的門大喊：「走，我們現在去吃生魚片！」然後他會帶我去房子附近的一家餐館，在那裡他侃侃而談。更準確地說，他咒罵國民黨，他那音量，讓我希望隔壁桌沒有聽懂他結巴但是強有力英語的國民黨人。

他一直在國民黨政府中晉升。如果我沒記錯的話，他曾經是議會議長的臨時辦公室主任，但是我已經不太確定。他的名片是鮮黃色的，上面列了許多以前的職位頭銜。退休——這個詞不適合形容他的狀態，他靜不下來——他完全有理由滿意的回顧自己的職業生涯，但當我聽他說話的時候，我能感覺到他心中的不滿。他不停咒罵他整個職業生涯的環境。為什麼？這一定與他不是來自中國的大陸人而是台灣人，而且是在一個看不起同類人的環境中工作有關。至少在我看來，他給人的印象是一輩子都在吃虧的人。糟糕的是一旦他一開口，就不可能用問題打斷他的抱怨。我只能一邊吃生魚片一邊聽。

我不知道他後來怎麼樣了。我很少再去西門一帶，上次去的時候房子已經圍起來準備拆除。我並不懷念那時的住處，但我從郭博士那裡學到了很多關於我第二故鄉的事情。在台灣相比在其他任何地方，如果只用關注外在表象和建築外觀的遊客目光來觀察事情，往往更容易忽視文化的本質。

新公園裡的孽子

對所有公民開放提供休閒的公園是西方的發明。幾個世紀以來，在東亞，人們只知道一般民眾無法進入的私人花園。當日本人將新概念引入台灣時，他們將我們現在所在的地點稱為新公園，取這名字是有充分理由的。在我眼裡，新公園是台灣政治潮流如何不斷重新詮釋和設計的公共空間，同時台灣大多數人並不在乎正式名稱，而只是高興如何利用就如何利用的最好例子。

你已經看不出來新公園建於殖民時代，從前是棒球場的地方現在是一個中間有中國式亭閣的池塘，當然是北方宮殿式的風格。一九六〇年代初公園改造成「典型中國的」庭園，同時也進行了東門的整容工作。原本後藤新平的雕像所在，自一九九七年以來一直矗立著二二八事件受難者的紀念碑（稍後會詳細介紹）。後藤新平是殖民時期重要的民政長官，曾在柏林和慕尼黑唸過書。新公園也是台北市同性戀的熱門聚會場所，但僅限於日落之後。

先來談談剛提到的這塊場地的非官方使用：一九八三年一部以一九六〇年代為背景的小說，把夜間公園裡不可告人的活動毫不保留地當作主題描寫出來。這造成一場風波，同時令人質疑：為什麼這樣的一本書能夠通過政府的嚴格審查。作者白先勇是國民黨有名望的將軍之子，這驚人的事實很可能是部分的答案。德文譯本在一九九五年問世，書名《幽會蓮池》（*Treffpunkt Lotussee*）頗有田園詩味道，指的是有中國式亭閣的池塘。出版社可能覺得原書名《孽子》太硬了。

除此之外白先勇還有一本短篇集《台北人》一九七一年出版，今天被視為經典，所有的故事描寫的是戰後中國大陸人逃難到台灣的生活百態。他們從未擺脫失去家園的痛苦——就像那個曾經向我解釋希特勒最大錯誤的人一樣。如果你想了解這些人在一九四〇年代後期被困在這裡時的失落感，以及為什麼他們之中許多人永遠無法擺脫這種失落的感覺，你幾乎找不到比這更豐富的文字了。如果是學術派的讀者，請閱讀馬一龍（Mahlon Meyer）的研究《在台灣懷想中國》（*Remembering China from Taiwan*）。

二二八以及其前因

現在來談談今天新公園的官方意義：二二八代表一九四七年二月二十八日。所有現代中國和台灣歷史的重要事件都是以月／日的日期方式來紀念，你必須自己知道是哪一年。毫無疑問，二二八是台灣戰後時期重大的事件之一，至少與一九八七年解除戒嚴、一九九六年第一次總統自由選舉或二〇〇〇年第一次民主政黨輪替一樣重要——不重提二二八就無法理解今天的台灣是一個什麼樣的國家。毫無疑問。

對於如此規模的事件而言，剛開始卻顯得不引人注目。一九四七年二月二十七日晚，台北專賣局查緝員要逮捕一名非法販賣私菸的婦女林江邁。她反抗，遭毆打，幾名路人衝上去幫助她，隨後發生了扭打。查緝員開了一槍，誤傷一名路人，最後查緝員逃離時，路人受傷躺在路邊，第二天死亡。整件事發生在幾乎只有台灣人居住的大稻埕區一家著名茶館／劇院天馬茶房前。女人和死者確實是本地人，查緝員來自中國大陸。

二月二十八日，憤怒抗議的市民衝進專賣局，前往行政長官陳儀的辦公室，要求嚴懲昨晚的肇事者。群情激憤之下，專賣局的一名官員被暴徒殺害，士兵向人群不分青紅皂白地開槍，打死了幾名示威者。

接下來幾天局勢依然緊張。在台北還有其他地方，無辜的中國大陸人遭到暴力襲擊，他們將自己關在家裡或到軍營中尋求庇護。然而更多的時候暴力是由國民黨軍隊犯下的，他們在夜間巡視街頭，只要有點風吹草動就開槍。美國外交官葛超智（George Kerr）是事件的目擊者，並將他的觀察紀錄在《被出賣的台灣》（*Formosa Betrayed*）一書中，至今仍值得一讀。書中提到台灣人的暴力行為很快平息，抗議活動趨向平和。委員會成立並向省長陳儀請願，要求澄清事件並將有罪者繩之以法。起初陳儀回應了這些要求，但事後顯然是場騙局。對他和其他許多中國大陸人而言，發生的事情幾乎等同是一場政變，但他知道，如果沒有軍隊的增援，他將無法控制局勢，所以只好以謊言爭取時間。

與此同時，派遣增援的部隊從上海等沿海城市啟航。總共有大約一萬人。

從單一事件，如與專賣局查緝員的對抗，之所以很快如燎原之火延燒，發生的原因很簡單：台灣人和外省人的衝突已經持續了兩年。一九四五年日本人撤離台灣時，很多台灣人起初都很高興。儘管過去五十年有著深厚的文化烙印，但戰爭期間和侵略性的皇民化政策卻播下了新的敵意。戰爭即將結束前，以日文寫作小說的台灣作家吳濁流紀錄了有關黑名單的傳言，據說名單上面有幾百個名字，日本希望萬一敵人入侵的情況下迅速清除名單上這些人。雖然是謠言，卻暴露了對殖民主子的深深不信任。特別是受過良好教育的台灣人對於回歸已經發展成對共和的中國祖國抱持希望，期待有一個和平的、政治上更加自主的未來。同時對他們當中許多人而言日語仍然是通往世界的門，數十年來西方文化的成就也透過這道門傳入台灣。起初他們當中只有一小部分人會流利的中文。國民黨在一九四六年斷然禁止出版日本文本使得整個社會階層沉默，引發怨恨。

而另一邊呢？戰後第一批來到台灣的中國大陸人相當驚恐：這怎麼會是中國的一個省嗎？在城市裡，大多數人住在日式的房子裡，穿著像日本人，不會說華語只會說閩南話，在這裡經常被稱為「台灣話」。從一開始就充滿陌生和相互不信任。新來者的作為就像他們在中國內地時一樣，在那裡他們與日本作戰了八年：他們需要什麼就拿走什麼。他們當中沒有人預料到會在台灣停留超過幾個月。榨取這個繁榮、資源豐富的島嶼輕而易舉。何樂不為？

現在說到台灣人。他們沒有中國農民忍受所有暴行的絕望溫順，因為那些農民別無選擇。田地被掠奪，牲畜被盜，兒子被強徵入伍，一切無可奈何。另一方面，在台灣的城市裡有可以表達自己的中產階級，本地的媒體尚未受政府的操控，所以反抗就出現了。中國大陸人已經習慣把所有日本人都叫做狗，現在他們在街上看到海報上寫著：「狗去豬來。」新來的中國人佔據了所有重要的職位，他們不僅彼此之間，而且和上級的關係良好而且善於利用。葛超智（George Kerr）報導了許多整個公司乾脆拆除並運往中國大陸的案例，例如糖產或採礦。很快重要的生活必需品匱乏，營私舞弊猖獗，台灣人感覺在自己的土地上被排擠被剝奪。這就是「光復」的祖國嗎？看起來更像是新殖民。

二月二十七／二十八發生的事件點燃的火花落入了一個危險的混合物中，其中包括了挫折、陌生和日益增長的暴力危險。有幾天看來似乎可以避免事態爆炸。因為警察已經躲起來，志願服務隊至少在白天保持了街道秩序。大的城鎮召開會議收集投訴，陳儀承諾接受已成立的調查委員會的改革建議。他是否真的打算這樣做值得懷疑。三月八日，他召集的援軍抵達基隆和高雄。國民黨在對付抵抗的時候，一直秉持的原則是：空話少說，實事多做。今天談到二二八事件指的是接下來的日子裡發生的事情。在二二八這個簡稱人人接受之前，敢講的人稱之為三月大屠殺。我不久前過世的岳父小時候在基隆曾親眼目睹了在河岸上成排的人，雙手被反綁在背後。有時綁成一串，然後只需要射中一個，其他的人就會跟著被扯進水中。據說鮮血染紅整個港池，四處有人划著小船，絕望地尋找親人；一手布巾摀著臉，一手拿著棍子翻看臃腫的屍體。

暴力如潮水般襲來。剛開始是缺乏計畫組織、隨性的：士兵下船之後開始射擊，首先在基隆和高雄，然後在台北和其他地方。在接下來的幾天裡，第二波浪潮隨之而來。事實證明國安部門準確紀錄了誰參加了會議或誰簽署了請願書。這些人逐漸從家裡被帶走，而且大多就此失蹤。除了兩家報紙，其他所有報紙從市場上消失了。第三波持續了幾個月，然後台灣逐漸過渡到維持幾十年的警察和監控的戒嚴國家。戒嚴法於一九四九年五月頒布，三十八年來沒有間斷——這是一樁悲慘紀錄，直到敘利亞政權打破這個紀錄。

二二八及其後續

一九四七年的屠殺幾十年來一直是一個禁忌話題，因此很難確切估算受害者總數。許多文件被毀，在相關文獻中記載著截然不同的陳述，而且往往不清楚涉及的時間範圍。前兩波死亡人數估計有三、五千，有時甚至更高，第三波和之後幾年應該超過一萬，很可能有幾萬。直到一九五〇年代初，國民黨完全撤退到台灣並鞏固了對台灣的控制，鎮壓才達到頂峰。有十萬到二十萬公民被捕，通常是基於毫無根據的告發，其中許多人在臭名昭著的綠島監獄度過了多年的生活。

順道一提，鎮壓的受害者絕不只台灣人。如果考慮到總人口中所佔的比例，中國大陸人受到的牽連比例更大，至少在白色恐怖的高峰期是這樣。任何與留在中國大陸的親人聯繫的嘗試都可能引發調查，因為國民黨歇斯底里的反共主義認為敵方間諜無處不在。顯然在一九四五年至一九五○年間，確實存在一些共產主義小組，希望為即將到來的中國大陸進入做準備。但也因為他們缺乏民眾的支持並無實力可言，並且在一九五○年之後，與中國的聯繫在很大程度上被切斷了，他們不再構成嚴重威脅，如果當時政府採取較不嚴厲的措施，台灣的安全不僅不會受更大威脅，還能避免很多無辜者受難。

直到今天，二二八的意義在台灣仍在爭論不休。還有其他可能嗎？處理這段歷史的過程拖延了很長時間，當時造成的創傷仍然讓社會關係承載著沉重壓力。一九四五／四六年一個重啟新時代的重大機會被該為政治負責任的人不幸浪費了。對日抗戰使他們精疲力竭，眼中對任何會讓人聯想到大敵的事物過分敏感，固著於正在爆發的反共內戰，他們無法理解島民的困境。他們完全沒有意識到這些人並不是沒有頭腦的「日本奴隸」，而是在過去的五十年裡已形成自己的身分認同。相反的，他們將每一次抗議都解讀為破壞、與敵人勾結，最終是對中華民族的背叛。因此也據此做了反應。

我們德國人並不是近代實現和平革命的唯一民族。台灣人也同樣做到了，儘管沒有像十一月九日*這樣引人注目的推翻日期。而是一個過程。蔣介石的繼任者蔣經國為何在一九八七年七月解除戒嚴令，至今仍未完全釐清。他可能發現，毛澤東主義的暴行在中國大陸漸漸平息之後，很難把專制的台灣當作更好的中國來推銷。來自反對黨的持續壓力也發揮了作用。蔣經國在廢除戒嚴法後僅僅六個月就去世了，副總統李登輝繼任，這無異轟動一時，因為他不是中國大陸人，而是像郭博士一樣在艱難的環境努力向上的台灣人。他在一九九六年成為台灣首位民選總統，四年後沒有競選連任，而是創立了台灣團結聯盟，屬於綠色陣營亦即獨立陣營的一個小黨派。在國民黨內李登輝現在被視為叛徒，直到二〇二〇年七月去世，他知道如何透過有針對性的挑釁來維持這聲譽。其中一個例子是，一九二三年出生於台灣的他，在談到自己的青年時代時，偶爾會自稱日本人，並稱日本為「祖國」。

就是他，在一九九五年率先向二二八事件罹難者家屬道歉，並宣布二月二十八日為國定假日。新公園成為今天的二二八和平公園，每年為遭受壓迫的受害者舉行中央追悼會。我曾經在那兒聽過李登輝的繼任者陳水扁演講，但幾乎聽不懂，因為他用的是台語。這不僅符合他來自南部的出身，而且具有象徵意義。過去，台灣人被有系統地打壓，甚至包括對講母語的學童進行體罰。用台語緬懷台灣當年的遇難者，讓社會走過的那條漫漫長路更加清晰。

在二二八公園的中心，現在矗立了一座由建築師鄭自才設計的雕塑。一

---

* 譯註：指柏林圍牆倒塌。

個抽象的實體，這裡不適合深入解譯其意義。無論如何，更令我著迷的是它的創作者以及他與台灣政治變遷密切相關的生平。很多年前，我在一次晚宴上認識他，當時我還不知道他是誰。台灣知名作家之一、與民進黨關係密切、被認為是女權主義者，也是美食家的作家李昂請客。大約來了十個人，其中包括一位來自漢堡的電影製片人，他正在拍攝一部關於李昂的紀錄片。美食佳餚。我旁邊坐了一位年長的紳士，他自我介紹是畫家和建築師，但除此之外話很少。他帶來了他的一些畫作，大部分是女性裸體，那些畫作我覺得有些業餘和天真。我不得不承認我並沒有留下特別深刻的印象——一直到女主人在用餐時指著坐我旁邊的紳士說，他是她年輕時的英雄。

「為什麼？」有人驚奇的問道。這個安靜的人沒有什麼英雄氣概。

「哎呀，」李昂調皮地回答，「他年輕的時候在紐約想暗殺我們的總統。」

事情的經過如何，也是一個刺激的故事，但容我以後再敘。

第六章　棒球：舉國瘋迷簡史

台灣有句俗話，不懂棒球就不懂這個國家。很長一段時間，我也算在內。然後我遇到了我現在的妻子，她從小就和哥哥一起看棒球比賽，後來他漸漸沒興趣了，而她的興趣越來越濃。我也從她多年來不斷增長的專業知識中獲益，首先是在電視機前，後來是透過一起去球場看球賽。慢慢的我已經成為一個徹頭徹尾的球迷，可以向你保證，棒球不僅非常刺激，而且實際上會讓你對台灣社會有深刻的了解。如果你感覺到不願進入這個主題，請盡快克服它。

我們不會在規則上花太多時間。簡單的說就是使用棍子打擊小球的比賽，擊中球，你就開始跑。

如果你在守備員接到球之前到達三個壘中的一個，你就安全上壘並且擊出安打了。如果你最終跑回你開始的本壘，你就成功得分了，也就是一分。如果你來不及上壘或錯過三次好球，你就出局了，接著一定是滿臉懊悔的表情。一場比賽由九局組成，每局分為上下半局，每隊可以進攻一次，也就是打擊。三個out後，即三名球員遺憾出局之後，就換場。投球的叫投手，拿著球棒的叫打擊者，蹲在打擊後面身著護具接住未擊中的球的是捕手，所有其他的是內外野手，我們在這裡對其位置先不管。全壘打——可能是你已經知道的唯一棒球術語——是擊球讓球越過外野的界線；然後打擊手可以和所有在壘上的球員一起跑回本壘。換句話說，全壘打至少為球隊贏得一分（當沒有人站在壘上，只有打擊手自己跑壘時）和最多四分（當先前擊球的球員站在每個壘上時）。

你已經是專家了，可以跟著高談闊論了。

棒球和野球

棒球的發源地當然是美國，那裡有至今為止最好的職業聯賽。然而就我們的目的而言，重要的是這項運動是經由日本傳入台灣的，因此也是殖民時代的遺產，因此自動成為一個政治議題。讓我們暫時先來看看名稱：英文是「baseball」，強調賽場上打擊者必須跑完才能得分的三個壘；是通往勝利的軌跡，也許可以這麼說。日本人最初稱這項運動為「野球」，有人類學家聲稱這項運動是伴隨或者說象徵日本一九三〇年代和四〇年代軍事擴張的理想運動：視東南亞為開放的戰場，在那裡建立軍事基地，從基地不斷擴大領域。這理論不無道理，因為實際上日本在戰術上與美國不同。至今，日本人在棒球上更加系統和謹慎，以小步取勝而不是寄望於決定性的打擊（這意味著，例如比賽持續的時間要長得多，幾乎從不少於三個小時，不少是超過四小時）。儘管如此，該理論並不適合解釋日本人對棒球的熱情，因為它始於二十世紀開始之前，並且一直有增無減。

另外兩個方面可能更為重要。首先，棒球是一項團隊運動，像這樣的運動之前在日本沒有，一直到一八七〇年左右，美國教師霍勒斯．威爾遜（Horace Wilson）在東京給了學生一根棒子和幾個球，日本才出現了類似的運動。然而，每一項都取決於個體團結合作的運動，與日本社會的團隊精神完美契合。總之舊日本並不存在現代意義上的運動，只有相撲（其根源是宗教和儀式）和劍道（一種源自武士傳統的劍術）為人所知。其次，棒球與這兩種武術有一個共同的重要特點：雖然是一項團隊運動，但比賽的重點是投手與打擊者的對決，他們的對峙有一個較長的專注和互相鬥智的階段，然後才是一個爆炸性攻擊（投球）和反擊（揮棒）。融入集體活動中的武術對決——日本人一定是認為這對他們而言是一項完美的運動。一八七三年第一場球賽在日本境內舉行，僅僅五年後，第一個俱樂部就在東京成立。球員大多是鐵路工程師和車站工作人員，他們自己雕刻木棒，在球場上穿著傳統的木屐。任何曾經嘗試穿著木屐衝刺的人，都會在內心向這些先驅鞠躬。

不久之後，日本人就和美國人一樣熱愛棒球。不用說，他們很快將這項運動引入了他們的殖民地——棒球在今天的韓國也很流行——儘管最初在台灣的球場上只有日本隊來打球。台灣人被排除在外，是因為擔心參加體育比賽可能會激起他們難以控制的情緒。我自己在台灣體育場幾個晚上的經驗，我不得不相信這些擔憂是有道理的。

當然，儘管被禁止參加正式比賽，但棒球很快就在全島風行。赤腳，用棍子和石頭代替木棒和球。在第三章中提到的一九一九年改革之後，殖民統治者終於讓步並允許台灣人參與這項深受喜愛的比賽。在他們的考量中最重要的是效用：棒球應該是鼓勵年輕的台灣人學習犧牲、紀律以及「和」的重要性——這些都是殖民地人民受到喜愛的特質。

嘉農：最具傳奇色彩的球隊

遺憾我無法在這裡講述台灣棒球的整個迷人歷史。安德魯・莫里斯（Andrew Morris）在他的《殖民計劃，全民運動會》（*Colonial Project, National Game*）一書中做了精彩的敘述，而且證明藉由體育能夠書寫二十世紀台灣的豐富的社會史。很重要的面向之一涉及原住民的角色，接下來我會繼續討論。首先是一個值得思考的事實：雖然台灣原住民的比例只略超過二％，但他們在二〇一二年職業聯賽球員中的比例，卻達到了驚人的四十一％。你若想了解為何如此，就必須回顧一九二〇年代。

一九一九年之後不久，台灣人就和日本人一樣熱愛棒球。當時中心仍是首都台北，但其他地方也湧現出有前途的球隊，特別是在青少棒領域，因此早在一九二三年就可以舉辦首屆全島校際錦標賽。棒球作為一項學校運動在日本有著悠久的傳統，每年八月，全國學生錦標賽在大阪附近的甲子園體育場舉行，至今仍是日本最重要的體育賽事。所有比賽看台上座無虛席——也就是說，在大約六萬名觀眾面前！——並且在電視上直播。要是我描述媒體對錦標賽的炒作，恐怕你會說我言過其實，所以那就算了。重要的是，在一九二〇年代甲子園舉辦了一場邀請賽，來自祖國以外的頂尖學生隊也允許參加。因此，台灣錦標賽成為每個青少棒運動員夢想的預選賽：希望有一天能踏上甲子園的神聖草坪。當時，該體育場是亞洲最大、最著名的體育場館。

嘉農出場：這是台灣嘉義農業學校的日語縮寫。這間學校培養了嘉南地區肥沃平原農業發展所需的專家。他們的學生由日本人、台灣人和一些原住民組成，理所當然嘉農棒球隊的成員組成也相同。在殖民地時期的台灣，基本上學校仍然是種族隔離的，所以這一個球隊相當特別，也是媒體強調的一個特點。當球隊在一九三一年獲得甲子園盃參賽資格時，大多數觀察家當然都預計他們會很快被淘汰，就像其他台灣代表之前所經歷的那樣。錦標賽以淘汰賽形式進行，有些人可能認為只為了一場比賽而長途跋涉到日本並不值得。

但出乎預料。結果完全不是這樣。

二〇一九年夏天，我和太太親自前往甲子園朝聖。我們想看的不是學生比賽，而是東京讀賣巨人隊和他們的台灣明星陽岱鋼對陣阪神虎隊的比賽，後者在甲子園球場進行主場比賽。除了八月，當學生來的時候，虎隊必須進行兩週的客場比賽（是的，你沒看錯：職業聯賽的賽程會根據學生比賽的要求進行調整。）可惜的是這次比賽因下雨而取消，這讓我至今深感遺憾，我們只能參觀球場以及相關的博物館。在那裡類似在一種神社中，所有參加過甲子園盃的學生隊名字都會永垂不朽，在數百個名字中幾乎難以分辨。有一塊牌匾上有標記，很容易透過線索識別：嘉農。這支隊伍不僅是在台灣，在日本也是傳奇。只是為什麼？

我們馬上來談一九三一年的錦標賽，在此之前我必須先提到在這一年前，發生在台灣中部小村莊霧社的一場大屠殺。在當地小學舉行的運動會上，原住民賽德克族的勇士砍了一百三十四名日本人的腦袋。他們為什麼如此做，目前無法下定論，原因也在於日本軍方的反應，他們用空襲、重砲和毒氣幾乎完全消滅了賽德克部落。二〇一一年的劇情片《賽德克・巴萊》是一部值得看的影片，雖然非常殘酷，但它講述了令人心碎的事件。稍後我們將來到霧社，並更詳細地重述這個事件。

原住民此前就曾反對日本統治。這場大屠殺，婦女和兒童也成為受害者，使殖民統治者尤其震撼，因為這意味著他們最大的恐懼將成真：努力開化台灣「蕃人」的計劃失敗了。「蕃人」是當時普遍存在的一種歧視性語言，曾經的殖民統治者自許是「蕃人」方面的專家，他們對台灣原住民懷著科學的研究心和不加掩飾的好奇心；拍照、測量和編目，如同島上的動植物。成果就陳列於新公園博物館，也就是今天二二八公園的台灣國立博物館。日本人似乎對那些武士的男子氣概和力量特別著迷，但在一九三〇年代，他們開始害怕起來。賽德克族的獵頭者證明了，他們仍舊精通他們野蠻的手藝。

現在回到棒球。嘉農隊於一九三一年來到日本，當時對大屠殺記憶猶新，他們的隊伍中還有好幾個「蕃人」。當時的教練是日本人，在他活躍時期曾效力於日本最著名的大學球隊早稻田隊。二〇一四年在台灣大獲成功的劇情片《KANO》中——你根本看不出《賽德克．巴萊》的導演參與了劇本編寫——近藤教練才是真正的主角。劇中當日本記者問到，原住民的存在和團隊的混合組成是否造成問題時，他的回答可能更符合電影製作人的世界觀，而不是當時日本人會有的回答：在球場上人人平等，最重要的是對這項運動的熱忱奉獻。在影片中根本沒有提及霧社大屠殺，但當然這正是當時體育場內的觀眾所想到的。有不少人可能認為，台灣隊中的蕃人想追捕的不是球而是他們的對手。

再次出乎意料。KANO以其紀律嚴明且技術嫻熟的比賽讓所有人感到驚訝。對手不得不一個接一個向最初被嘲笑的球隊的卓越能力低頭，這支球隊勢不可擋地衝進決賽。只是他們最終輸給了一支完全由日本球員組成的球隊，這可能是東道主認為完美的結果。他們不僅最後佔了上風，還欣慰地意識到，如果當局像近藤教練那樣審慎行事，台灣「蕃人」很可能會開化。雖然日本人最大的恐懼在一九三〇年的大屠殺中成為現實，但KANO體現了殖民夢想的實現：在日本的領導下，島上所有三個族群的成功合作。「成功」當然意味著滿足日本人對體育（或現代文明社會）的要求。棒球起源於美國這一事實在電影或現實中都不重要。

評論家指責電影《KANO》美化殖民時代。這傾向確實存在，而這在整個台灣社會到處可見。當二〇一一年春天以可計量的數目字曝光，程度之大，台灣人自己也感到驚訝：福島核災事故後，台灣私人捐贈比世界上其他任何地方的總和都多，總計超過二億美元——平均每個居民超過八美元！如果從上一章的內容來看，這種傾向甚至可以理解，因為台灣人雖然遭受日本殖民統治者歧視，但並沒有像後來遭受中國大陸統治者那樣殘酷地壓迫（原住民可能有不同的看法，也許這就是他們今天仍多數投票支持國民黨的原因）。因此當棒球場上台灣球隊遇到日本球隊時，不會產生敵意也就不足為奇了。我在二〇一九年奧運會預選賽親眼見證這一點——當時每個人仍然相信東京奧運會會如期舉行——或許許多台灣人保持他們對日本的正面印象，正因為這也是他們與中華人民共和國的中國人的另一個區別。

順帶一提，KANO仍多次參加甲子園盃，但該隊的名聲不衰是基於一九三一年的表現。雖然在台灣人看來，原住民的參與不是頂重要，但他們仍然是國內棒球界不可或缺的一部分。（這也是由於體育為經濟背景困難的兒童提供了爬升的機會）。這支多元球隊代表了在台灣南部發展起來的獨特現象，儘管是由日本教練帶領，最終獲得棒球界中心的認可。換言之，KANO雖然在日本的軌道上取得了成功，但這個團隊只可能在台灣產生，而這種因各種歷史偶然而產生的特殊性，自殖民時代以來一直是台灣人身份認同的重要基礎。

紅葉小兵

我們往前跳躍一代。在政治上台灣發生了很大變化，這個國家現在被稱為中華民國，西元一九六〇年代算法是中華民國五〇年代，因為官方年曆是從一九一一年革命開始算起的。棒球在台灣非常受歡迎，但這項運動當時在國家媒體中處於邊緣地位。在中國沒有棒球傳統，足球和籃球更受歡迎，而來自中國大陸的國民黨明顯疏遠宿敵日本的民族體育，日本在冷戰期間成為不受歡迎的盟友（因為害怕東京可能承認中華人民共和國而不是中華民國，而後者未曾要求日本賠款）。棒球場成為唯一一個可以，甚至必須說台語和日語，而不受懲罰的公共場所，這讓情況更加複雜。這時期還沒有投手、接球手、打帶跑的中文術語。雖然今天情況有所不同，但台灣體育節目主播在評論比賽時，仍然中文、日文和英文混合使用。例如全壘打是Homerun，而且總是伴隨著感嘆句「莎呦哪啦」。多元語言在台灣並非特例，而是常態。

一九六八年是台灣棒球發生很多變化的一年。在其他地方，學生們為了一個更美好的世界而走上街頭；在台灣，赤腳的小學生正在展示球類運動改變社會的力量。他們來自島嶼東南部叫紅葉的村莊。那裡的小學很小，教員和行政人員只有五個人。學生是布農族原住民，對上課興趣缺缺。這也可以視為是日本的傳統，因為學生球隊在上學前和放學後的訓練太多，以至於在上課時補元氣——在課堂上睡覺。日本棒球巨星原辰德（Hara Tatsunori）高中畢業時，在一次記者訪談中被問及在大學想修什麼主修科目，他給了一個意味深長的回答：「抱歉，什麼是主修科目？」

紅葉校長之所以成立棒球隊是希望更多的男孩子來上學，他們是來了，儘管除了熱情什麼都缺。學校如何湊錢讓球隊參加比賽的故事已經成為台灣棒球神話的一部分，我稍後會談到。一九六八年，紅葉獲得全國小學隊冠軍，甚至親國民黨的報刊也大肆報導。該團隊體現了一些美德，這些美德不再被認為是典型的日本特質，但在逐漸崛起的經濟奇蹟之地台灣備受重視。這些美德包括奉獻精神、勤奮和伺機而動。

當然，這還不足以創造傳奇。

接下來和歌山隊登場。日本隊訪問台灣的傳統當然可以追溯到殖民時代。這支球隊的訪問比賽如此特別的原因是和歌山贏得了一九六七年在賓夕法尼亞州威廉波特舉行的少年棒球聯賽。從過去到現在，那一直是根據精確定義的規則舉行的兒童和青少年的國際錦標賽，規定是代表某些城市或地區的球隊參賽。但是錦標賽從來都不是正式的國家世界盃，但中華民國很快就宣布該錦標賽是世界級比賽，以便更好地利用球隊的成功進行宣傳。作為小小的預告，一九六八年媒體上已經宣布和歌山隊是衛冕的世界冠軍。

紅葉隊對抗和歌山隊，赤腳的原住民對抗日本「世界冠軍」，校園棒球賽一下子又成了大家的話題。第一場比賽是在兩萬多名觀眾面前開打，最後當紅葉以七比零獲勝時，在場觀眾為之瘋狂。原本相當冷靜的官方媒體變得詩意起來：穿著紅色球衣的孩子猶如燦爛陽光下飄落的楓葉，這無非是對地名（紅葉）的暗示。第二場比賽湧入了三萬名觀眾，為的是再次向他們的小學生英雄致敬！今天的歷史學家把紅葉勝利稱為台灣民族認同發展的轉折點，這是相當認真的說法。我們要如何理解這現象？

對手的出身當然是一個重要因素，無論是對那些視日本人為昔日老師的島民，還是對那些仍稱他們為「日本鬼子」的人而言。當權者似乎很快意識到，體育可以幫助自二二八事件以來嚴重分歧的民眾建立新的凝聚力——只需要宣傳上推動，並準備好寬鬆地解釋規則。五名紅葉球員使用假名比賽，因為他們的年齡超過規定年齡，這個一直嚴守的祕密，很快就成了慣例。教練和學校校長最初因欺詐行為而受到懲罰，但不久就因為他們在棒球運動中的特殊貢獻而被赦免——換句話說，為政權找到應急的社會凝聚劑。從古至今為了國家目的，即使不擇手段也可被視為神聖。

為了不給人只有國民黨會利用棒球運動作為工具的印象，最後要說的是，陳水扁在這點與他的對手勢均力敵。當選總統後，他發表講話概述了「台灣精神」，這對他來說當然與中國精神截然不同，幾乎不可避免地得提到紅葉的赤腳小學生，然而他隻字不提一九六八年的犯規行為。那是在二〇〇〇年，在三十多年後，陳水扁可大以放心，他的聽眾一方面明白他在說什麼，另一方面又不清楚實情。在這裡歷史和神話之間的界限也變得模糊了。在國家觀光局的網站上還寫著，紅葉隊那時戰勝了當時的世界冠軍。

我們是世界冠軍：台灣在少棒錦標賽的成功

在戰勝和歌山隊一年之後，台灣人自己也贏得威廉波特世界少棒錦標賽。台灣隊違反規則是由全國各地選拔出的最優秀球員組成的國家隊。所有的比賽都在夜裡進行了電視現場轉播，但是全台灣熬夜觀戰。決戰獲得冠軍之後，數千人湧上街頭燃放鞭炮慶祝。幾天後小英雄載譽歸國成為全國大事，隊伍的車隊長達八小時凱旋遊行穿過首都，超過五十萬觀眾夾道歡呼。最後在總統府由蔣介石親自迎接。他對棒球幾乎一無所知，但是「小兵」在遙遠的美國所獲得的成功，讓他相信反攻大陸很快就能開始。顯然軍隊已經準備好了。

就此定下基調。自此之後，在威廉波特比賽重要的不再是體育，更不是童趣，而是中華民族的未來。原本對台灣興趣不大的世界應該看看這個國家的厲害。在外交上，台灣從一九七一年被逐出聯合國，到一九七九年與美國斷絕外交關係，那幾年政府連連失利，因此得拼命抓住每一個機會在國際舞台上展示中華民國。聽起來雖然很奇怪，但是威廉波特棒球場可以說成了最重要的政治舞台。青少年運動員必須彌補國家在其他地方的挫敗。

屬於我這一代的台灣人，只有少數人童年最美好的回憶不是半夜起來看棒球現場轉播。全家人擠在電視機前，為的就是親眼看到台灣球隊拿到「世界冠軍」。而相反的由國際籃聯舉辦的官方世界盃沒人注意，因為台灣沒有機會參加。一位成年後去參觀傳奇威廉波特的熟人曾經告訴我，他對這個小體育場的幻想破滅。在他的記憶中，那是一座巨大的棒球聖殿，就像大阪的甲子園球場一樣。

當然威廉波特錦標賽很快就捲入了當年台灣的內部鬥爭。黨外反對派大力推動民主改革，宣傳台灣獨立的目標。它的許多擁護者流亡美國，他們從少棒錦標賽在國內引起的巨大興趣得出結論，威廉波特是證明他們的信念最佳場所。因此球場完全成了政治角力的舞台。

一九七一年八月三十日，《紐約時報》報導了前一天在觀眾中爆發的一場「短暫的鬥毆」，台南巨人隊——實際上是台灣的國家隊——以十二比三輕鬆獲勝。該報懷疑來自台灣的球迷與敵對的中華人民共和國球迷之間發生衝突，但這是錯誤的。所有參與的人都來自台灣，他們只是代表不同的政治陣營。一方舉著標語牌，上面用英文寫著「Team of Taiwan, Go Taiwan!」旁邊用中文寫著「台灣獨立萬歲！」這導致另一方跑過場地提出抗議，隨後發生鬥毆，這甚至讓《紐約時報》覺得值得寫上幾行。

這一整個事件變成了一年一度的慣例。反對派舉著異端標語，政府派出收錢的暴徒來制止這種行為。有一次，支持獨立的運動人士發動了一場特別的突襲：他們租了一架飛機，在威廉波特上空，在數百萬台灣電視觀眾的眼前展示著之前提到相似的橫幅標語。國家媒體狂怒不已，然而蔣介石的反應並沒有被紀錄下來，而且幾乎可以肯定他不會看直播。大元帥有比看小孩子打日本野球更重要的事情要做。

職業聯賽及其醜聞

為了總結台灣棒球這段太過短暫的歷史，讓我們再次往前跳躍一次。一九九〇年台灣終於有了自己的職業聯賽。一開始有四支隊伍，並不像我們習慣的那樣，每支隊伍代表特定的城市，而是像巡迴馬戲團一樣在全國各地巡迴比賽。觀眾興趣濃厚，熱情高漲，大部分比賽座無虛席，儘管是在相當小的體育場內，其中一些可以追溯到殖民時代。

這一切幾乎美好到令人難以置信。

台灣社會面臨的許多弊病在棒球場上很容易觀察到。就如其他任何地方一樣，體育運動既是社會環境的產物，也是社會環境的反映，國民黨政權無恥地利用少年棒球運動作為工具就是一個生動的例子。在一九九〇年代，這個在過去十年突然變得富裕的國家顯然遭受破壞性貪婪之苦，而且組織犯罪的影響遠遠超出其賭博、販毒和賣淫的核心領域。這或許並非新的觀點，但當沒有任何棒球迷能夠逃避這些觀點時，這些觀點以更強的力道影響人心。

受到最初炒作的鼓舞，中華職業棒球大聯盟（CPBL）在一九九四年擴大到六支球隊。一年後，問題開始出現。一是球隊為了打造明星效應引進的外國選手太多，儘管聯盟的號召力還不足以吸引到真正的明星球員。而薪水過高的僱傭兵毫不掩飾表明他們不喜歡這個國家。「那裡甚至沒有像樣的巨無霸漢堡」，其中一位外國球員說。在台灣很多時候你可以隨心所欲，但拿速食來貶低本地美食顯然有點過頭了。

另一方面，那些球隊以符合他們資本利益的方式利用外國球員。球衣上佈滿廣告的外國球員不僅看起來像個移動的廣告柱子，而且還有了中文名字，但不是人名，而是商品名。一名球員的名字和披薩連鎖店相似，另一名球員的名字和能量飲料相似，就好像他們不是人，而只是贊助商的化身一樣。最荒唐的名字是一個為興農牛隊效力的美國投手的名字，該隊由一家大型化學公司資助：他的球衣背上印著鐵沙掌——這是一種殺蚜蟲的殺蟲劑。

黑道的影響只是雪上加霜。早在一九九三年，一名頗受球迷歡迎的美國球員被發現遇害。他的案子——實際上是一起墜樓案——一直沒有解決，但據我們所知，他並沒有得罪廚師，而是捲入了黑道賭博。一九九七年醜聞爆發，黑道控制了所有比賽營運並賄賂打假球，無論是金錢上的或是到可疑的招待所。一次，一支違背指示而贏球的隊伍被綁架，結果不是被年輕小姐按摩，而是遭惡霸痛毆。

台灣的球迷很能忍，但是這已經太過分了。一個賽季之後，觀眾人數下降了一半以上，一年後平均觀看職業比賽的觀眾不足千人。贊助商退出，球隊禁賽或破產，聯盟不得不又縮減為四支球隊。這項深受喜愛的全民運動已成為社會的汙點，但也成為一面鏡子，照出這個國家自己扭曲的面孔。在二十一世紀的第一個十年裡，台灣球迷都唾棄職業棒球——甚至連我太太！台灣隊在北京奧運會中恰恰又輸給了中國，簡直就是雪上加霜。

最近這些年情況好轉。一個重要的改變是引入女性啦啦隊。比賽期間她們在兩側的看台上跳舞並激勵觀眾歡呼（這是從韓國職業聯賽學來的）。結果不僅男人們回到棒球場佔據了舞台前面最昂貴的座位，而且整個運動都呈現出不同的面貌。在比賽中，當啦啦隊隊員休息時，小朋友們可以展示他們也能惟妙惟肖模仿啦啦隊跳舞。從此以後越來越多的家庭出現在體育場內，男女觀眾的百分比例據我的估計大約六十比四十。沒有酒後滋事的痕跡，而且與過去不同的是，故意破壞鬧事的情況已不再發生。除了唱卡拉OK之外，台灣人只有在棒球場上那樣恣意歡樂。一切都很好，只是球員們有時會抱怨，他們的啦啦隊隊員比他們在社群媒體上獲得更多關注。

二〇二〇年新冠疫情，中華職棒聯盟CPBL再次成為國家廣告招牌，因為它是全世界第一個開始比賽的職業聯賽，因而證明了台灣在對抗病毒方面的成功。起初，比賽必須在空蕩蕩的看台前進行，然後逐漸允許越來越多的觀眾進入棒球場，當然觀眾必須戴上口罩，並在入口處留下聯繫方式以備追查。當有消息稱來自美國的粉絲也透過上網觀看球賽時——雖然人數不是非常多，可是有人看，於是在此期間甚至引入了英語現場解說。

對我而言在台灣這麼多年後作為棒球迷，這是我的第二個賽季。二〇一九的賽季，是我第一次對這項運動產生興趣，也是彭政閔（綽號「恰恰」）的最後一個賽季，他在兄弟隊二十年的職業生涯中創造了無數紀錄，被認為是台灣最受歡迎的運動員之一。棒球聯盟的醜聞並沒有損害他的好名聲，二〇一九年每個球場為他舉行了特別的引退儀式。在台灣所有重要的交易——商業、私人，當然包括骯髒的交易——都是在餐桌上進行談判的。當一個記者問彭關於他如何在台灣棒球的複雜環境中保持清白，任何了解台灣日常文化的人對他的回答一定覺得非常不簡單。他解釋說他二十年來從不和不認識的人共進晚餐。

如果你認為這聽起來很容易，那麼關於台灣你還有很多東西要學。最好立刻進入下一課。

第七章　世界上最美好最重要的事物：台灣人與食物

如果我出遠門旅行回來，告訴德國朋友我去過的地方，他們第一個會問的是：「你都做了什麼？」「你有什麼體驗？」和我對話的人期待的是奇遇和名勝古蹟。而台灣人也對這類事物感興趣，但他們會先問一個更緊迫的問題：「你吃了什麼好吃的？」在台灣旅遊指南中大約一半的訊息和大部分圖像與旅遊當地美食有關。許多旅行的人會準確地計劃在哪一天哪個地方要吃什麼，當然，對美食的興趣並不只侷限在其他國家。如果我在台北坐地鐵，無意中聽到坐在我旁邊的人的談話，很有可能是關於吃的。與我們的問候「哈囉，你好嗎？」相對應的傳統問候語是：「吃飽了嗎？」在晚間新聞中——關於政治不過是意思意思——絕不缺關於新餐廳的報導。二〇〇五年我和其他一些漢學家一起在國家圖書館作客，我們坐在六樓的小閱覽室裡，經常接到三樓辦公室的電話：有一位職員已經去買特別的傳統小吃，歡迎我們去品嚐。我不記得談話除了圍繞食物以外還有其他主題，我也無法想像德國的研究機構會以同樣的方式寵客人。

「不然呢？」當我對太太說出上述想法時，她簡明扼要回答說。和大多數台灣人一樣，她對西方美食持開放態度，但也有一定的疑慮。到目前為止，她在歐洲沒有任何飲食經驗可以動搖她的想法，她認為我們對待飲食這一整個就是不夠認真。

在台灣的酒吧裡，你幾乎看不到有人只是點飲料，一定有吃的。社交生活發生在餐桌上，有時我會想，我的餘生似乎都在為下一頓飯做準備。在台灣不僅電視上有數不完的烹飪節目，就連電台裡的烹飪脫口秀節目也不在少數！在計程車上，我曾經聽過一個專門討論幸福可不可以吃的問題。答案是肯定的。如果你問人台灣有什麼特別之處，得到的答案中沒有提到美食，那是完全不可想像的。

要了解這個現象，必須稍微解釋一下。

烹飪的演變：最美味的生存

今天雖然大多數台灣人都強調自己不是中國人，但當談到美食時，敵意就消失了。當然台灣屬於中國美食傳統的宇宙中，我故意這麼說，因為中國菜不存在。德國的中式餐館一般會提供的一道菜，大概台灣人或中國人都沒聽過。「Chop Suey」那是什麼？中文裡甚至沒有這個詞。取而代之的是無窮無盡的各種區域傳統美食，由不同的偏好和食材、不同的氣候條件等塑造。中國很大，雖然「飯」這個字既指一般食物，也指米飯，但米飯曾經是長江以南地區的主食。在中國北方，天氣太乾太冷不適合種水稻，所以人們改吃麵條。直到十九世紀，湖南將軍曾國藩的軍隊奉命在長江以北作戰時遇到了一個問題：他的士兵都是吃米飯的，但在後勤上不可能攜帶足夠的米糧，麵條飲食有可能嚴重削弱部隊的士氣和戰鬥力。因此曾國藩要求他的學生李鴻章——後來成為「馬關條約」的起草者之一，該條約使所有吃米飯的台灣人成為日本的臣民——在他的家鄉安徽省組建一支新軍隊。安徽在長江岸，在南北交界處，人們習慣吃米飯和麵條——不僅僅擴大飲食的範圍，而且有助軍事的可能性。

同樣來自湖南的毛澤東在北京只僱用來自他家鄉的廚師，但不得不和他一起用餐的其他政黨幹部可就很苦惱了，湖南的菜餚對他們來說太辛辣了。如今在中國的大都市生活的人不乏來自全國各地，但是很多人還是喜歡到提供家鄉熟悉口味的餐館吃飯。中國的民族意識是十九世紀後期的產物，現在又加上宣傳大力鼓吹，尤其是飲食習慣和地區深深連結，在我看來比在德國強。中國人美食愛國主義源於一個共識：中國美食天下第一。至於中國最好吃的菜是哪裡的菜，那又眾說紛紜了。

儘管如此，「吃」仍作為一種社交活動，這在中國飲食尤其重要。傳統的餐桌是圓的，中間有一個會旋轉的桌面。所有的菜都是共享的，溝通是必不可少的，在你自己要挾菜之前，你必須先看看誰在拿東西。大家目光交流，互相推薦什麼好吃，給出評價。如果每個人面前只有自己的盤子，那麼從一開始就缺少一個重要的元素。一個主菜配一至兩個配菜……組合和多樣性在哪裡？香氣不是從細微差別的和諧中產生的嗎？在台灣即使是小吃，也經常用幾種醬汁、兩三種香草和各種香料調味。即使是獨自用餐的都市人，也能在每頓飯中體驗到美妙的交響樂。相比之下，很多台灣人覺得西方飲食的室內樂平淡無奇。

台灣是不同中國菜系的大熔爐。一九四〇年代的遷台幾乎把每個省份的人帶到台灣，連同他們不同的口味和喜愛的食物。許多退伍軍人開了餐館和麵館，成為同一地區其他外省人的聚會場所。有時候因為本地條件的變化，調整舊食譜時會產生新的菜餚，這些菜餚現在被認為是典型的台灣菜餚，儘管它們的起源或者至少是靈感來源來自中國大陸。典型的例子是牛肉麵，這挺令人驚訝的，因為傳統上牛肉在台灣美食中並沒有扮演重要角色。牛在台灣是珍貴的勞動動物，一般人是不吃的。

就像這裡經常發生的情況一樣，事實和神話無法百分百區分。據說這道現在聞名世界的菜餚，是由一個來自四川的士兵家庭發明的，他們流落他鄉到了高雄附近。要知道川菜傳統上是辣的。我的意思是真的很辣。我記得去川菜館的經驗，眼裡含著淚水，額頭上冒著汗（如果你發現自己陷入同樣的困境：不要用飲料來熄滅嘴裡的火，吃白米飯！如果桌上沒飯，那就吃餐巾紙！飲料只會讓情況變得更糟）。大概是流亡到高雄的人懷念口腔麻木的感覺，所以他們用高雄的辣豆瓣醬熬了湯加入醬油燉的牛肉和麵條，讓所有東西入味，然後失望地發現結果不夠辣，可是他們從外地來的不敢吃川菜的鄰居們，卻發現這種新創意非常好吃。於是很快紅遍了全台灣，如今台灣牛肉麵在中國也是一道受歡迎的菜餚，可能只有四川人不習慣。

根據新的標準版本，又發展出許多變化，其中最著名的被稱為「三寶」，因為湯和麵條不僅點綴著肉塊，還加上牛筋和牛肚。除此之外，想像力是無限的。肉湯中偶爾會加咖哩或拌上番茄醬，加辣椒，加茶或白煮蛋。認為自己創造出特別風味的人可以報名參加台北國際牛肉麵節，這裡每年會選出全宇宙最好吃的牛肉麵。這天是最新口味上場的日子。一位二〇一八年的參賽者在他的肉湯中加入了不下十六種不同的藥材，並聲稱肉雖然是牛肉麵的精華，但肉湯才是靈魂……即使是一頓四、五歐元的日常餐，在台灣可不是小事。

我在相關網站上看到一句話：台灣料理的主要成分是創意（Die Hauptzutat der taiwanischen Küche ist Kreativität）。這句話說得很恰當，並指出一個不斷擴大的實驗領域。日本、韓國、越南和泰國料理提供了擴展烹飪傳統多樣化的機會。韓國泡菜正在流行，日本抹茶慢慢普遍，來自南方氣候的檸檬草豐富了茶葉的口味，飲食組合並不止於中國大陸邊界。只要有適合的醬汁，西班牙香腸和蚵非常搭。豆腐冰淇淋的味道比你想像的要好，生魚片加乳酪的味道雖不如我的期待，但這是遊戲的一部分。美食演化也有失敗者——當然在台灣只有少數。

台灣美食：口味眾多而且富象徵意義

台灣當然不僅是外來美食的實驗場，而且有自己的地方根源，來自早期幾百年來大多數中國移民的來源地，即沿海省份福建，其菜餚的特點是海鮮和魚類比例高，鮮味占主導地位，鮮味和甜、酸、鹹、苦一樣，是我們味覺感知的五個基本類型之一。所謂鮮味，鮮是指新鮮和美味。「鮮」字的部首是「魚」這一事實，表明鮮這個字最初適用於哪些菜餚。這類菜餚在台灣的受歡迎程度不僅是因為靠近太平洋，還因為耕地稀少，由於中央山脈，全島有三分之二的面積幾乎無法居住和耕種。和多山的福建很類似。

鮮味菜餚通常清淡，但味道鮮美，口味多樣。烹調時最重要是帶出成分的自然味道，而不是用香料掩蓋原味。作法通常是煨燜燉蒸比煎烤或炸更適合。湯汁和發酵醬汁發揮著重要作用，通常以蝦等海鮮為原料。偶爾也會把食材泡在紹興酒或米酒裡，這叫「醉」。八角是受歡迎的香料，可單獨使用或作為五香料粉的材料使用。新鮮香草中有香菜，還有一種叫做「九層塔」的植物，我的字典將其翻譯為「羅勒」，雖然味道很不一樣，味道……好像多了幾層。

中國菜除了味道講究，菜名也是充滿奇思異想。「佛跳牆」可能是這裡感興趣的菜餚中最有名的例子。相傳有位書生徒步旅行到福建，他用酒甕攜帶食物，到了首府福州後，他把酒甕放在火上烹煮各種剩菜。聽起來不是特別讓人有胃口，但據說聞起來很香，甚至吸引隔壁寺院的一位僧人離開他的禪房翻牆來分享這頓飯。這讓這位書生的一位同伴甚至開玩笑說，即使是佛陀本人也會為了這種美味而跳牆。

要知道鍋裡還有肉——魚翅後來讓這道菜成為一道美食——眾所周知，佛教徒是不能吃肉的。因此英語中有人叫這道菜為「Buddha's Temptation」（佛陀的誘惑）。

基於動物保護的原因，今天餐桌上的佛跳牆很少能在裡頭找到魚翅了。根據不同的食譜，多達三十種其他食材可以彌補這一點，從煎鵪鶉蛋到貽貝，從竹筍到海參。非得吃魚翅的人，口袋要深：幾年前，倫敦的米其林中餐廳Kai Mayfair這道菜要價一百零八英鎊，因此獲得了全球最貴的湯的美譽。在台灣這道聽起來有運動風的佛跳牆，長期以來一直是國宴不可或缺的一道菜，但由於剛才提到的原因，後來被取消了。

台灣美食的豐富，一方面得益於與中國大陸的淵源和來自周邊國家的靈感，另一方面也得益於氣候。北迴歸線把台灣分為北部亞熱帶和南部熱帶。此外，中央山脈高海拔地區氣溫適中，在很小的空間內形成三個氣候帶。在南部濕熱有利於熱帶水果的種植，對我來說，這是日常生活中的一大享受：鳳梨、番石榴、荔枝、木瓜、芒果和香瓜在一年中的不同時間都可以買到，而且便宜，這些水果適合做奶昔和鮮榨果汁，而且街頭巷尾到處都買得到。芒果牛奶是我個人夏天的最愛。我不太喜歡「刨冰」，冰塊刨碎後加各種果實和淋汁，譬如紅豆和煉乳。而我對此的厭惡，特別是一家具獨特賣點的冰店Ice Monster，它是台北最知名的芒果冰店，每年夏天從其海內外店鋪的芒果刨冰中賺取數億元營收。

大多數台灣人仍然喜歡在市場而不是超市購買水果。在重要節日到來之前，有一些水果會精心包裝，作為拜訪時饋贈的禮物。但是在選擇時得注意，某些種類的水果不僅含有維生素，而且還具有象徵意義，這決定可以在什麼樣的場合作為贈禮。像鳳梨的台灣名字「旺來」（Ông lâi）讓人聯想到「財源滾滾」，基本上沒有問題。即使是那些已經擁有財富的人也不會因此而生氣。梨在中文中聽起來像動詞「離」，有分離／離開的意思，需要更加謹慎，這就是為什麼婚宴上通常沒有這種水果的原因。給剛談戀愛的人送梨非常白目，相反的應該送柚子來鼓勵他們，這聽起來像「有子」。如果夫妻自己希望有孩子，他們會把龍眼帶到寺廟拜拜，德國人大概不知道這種非常美味的水果，送這種水果就很適合，是因為龍是男性力量和權力的象徵。

家庭宴席通常包括形狀是圓形的食物，譬如湯圓，湯圓可甜可鹹，但無論如何都代表好事，如「團圓」或「圓滿」，所有這些都包含「圓」這個字。這可能也是傳統上偏愛圓桌而不是方桌的原因。「圓」象徵著團體和團結，因此在和諧的團體中享用一頓豐盛的餐點是一件圓滿的事情，其意義遠遠超出了飽腹的意義。

當然官方國宴的盤子上也有很多象徵意義。陳水扁在二〇〇〇年就任總統時，他讓一些來自他家鄉台南的點心上桌，暗示一些原本中國大陸人唾棄為次等的南方傳統美食現在代表了整個國家。餐後有一道用芋頭和蕃薯做的點心。芋頭雖然是土生土長的作物，但在台灣常與中國大陸人聯想在一起，而蕃薯則代表台灣人。這道糕餅表達對兩個群體和諧共處的希望。他的批評者或許會說，除了甜點之外，陳總統在實現這一目標方面沒有做多少事情。

夜市：逛街和品嚐

如今台灣是整個東亞有名的美食聖地。CNN甚至在二〇一七年的一項問卷調查中將台灣評為世界上擁有最佳美食的國家，得票數是排名第二的菲律賓的五倍多（歐洲只有希臘和義大利進入前十名，所有其他國家都在亞洲）。夜市深受飢腸轆轆的遊客和本地人的歡迎，現在被認為是典型的台灣特色，儘管早在唐朝（六一八～九〇七）就已經在中國存在。一九五〇年代夜市在台北流行起來，並且迅速傳遍全島。

顧名思義，夜市比小餐館開得晚，在台灣小餐館通常在八點左右關門。大多數可以邊走邊吃，或是坐在小塑料凳子上吃，大部分屬於小吃類。烤魷魚就是一個很好的例子，肉圓是另一個例子：用豬肉、竹筍和蘑菇做餡，蕃薯粉做的皮，先蒸，有時再油炸，然後佐以甜醬和新鮮香菜。另一個經典的小吃是蚵仔煎，但如果你喜歡沒有蛋的蚵仔煎，也沒有關係，你可以點蚵仔麵線，蚵仔就浮在香味濃郁的麵線中。除了蚵仔，還可以在麵線中加豬大腸。除了加到湯裡，還可以烤大腸，如果我要列出夜市還有什麼燒烤的東西，這一章就超過篇幅了，因為這裡也很明顯展示了美食混合的趨勢。天婦羅和其他日式小吃司空見慣，牛排也成功搶灘——比牛排店裡的切得更薄，不然就不算小吃了——連德國咖哩香腸幾年前也出現在高雄的夜市，至於它後來的命運我則一無所知。

臭豆腐在夜市美食中佔有特殊的地位，你只要聞到味道就可以立即知道附近有攤販。豆腐用鹽水發酵，然後醃製和燒烤或炸，通常配上泡菜和辣椒醬，雖然聞起來很臭，但很好吃。（至少我個人比起豬血糕更喜歡吃臭豆腐）。如果外國人敢吃臭豆腐，會給台灣人留下深刻的印象。吃臭豆腐就像入籍的第一步。

今天只有少數人認為台灣人對美食的重視太誇張。作家吳明益曾說，在亞洲鄰國眼裡，台灣不過是國際美食部：人們讚嘆飲食的豐富性，填飽肚子，但對台灣的興趣到此為止。遺憾的是，他的觀點很難反駁。

異國情調：排隊

正如我已經指出的，台灣人不僅喜歡美食，而且還喜歡談論。談論吃的可以提高對一頓飯的期待，增加享用美食的樂趣，這樣的享受可以延伸到餐後甜點之外——沒有額外的卡路里。過不久循環重新開始。

排名是這種美食文化最熱門的話題之一。餐館、麵館和其他場所被廣泛討論和評價，不只在無數的部落格和臉書上，而且台灣人可以在任何地方談論他們最喜歡的話題。令人驚訝的是，雖然每個人口味當然不同，但對於某些菜餚在哪裡味道最好，人們往往達成共識，尤其是當涉及到在台北上千個地方可以買得到的最平常的食物時，但據說只有一個是最好的。

阜杭就是這樣一個例子。這小店位在善導寺附近，一棟老舊的華山市場二樓，賣的是台灣人的早餐：美味的蛋餅加豆漿、燒餅加煎蛋等等。這些東西其實哪裡都買得到，但台北有很多人願意在早餐前排起長隊，從櫃檯，穿過樓梯間，沿著房子一直排到最近的捷運站，只為購買來自阜杭的早點。當中有許多香港、日本和韓國來的遊客，他們聽從了導遊的推薦。

我個人認為，沒有任何燒餅好吃到可以讓我排隊等一個小時，但這完全是非台灣人的看法。台灣人對不需要排隊的餐廳持懷疑態度，我甚至認為等待不會讓他們厭煩，因為根據前面提過的美食精神，這是準備享受一餐的一部分，幾乎可以稱它為第一道開胃菜。我在排隊的時候不免會想到自己這個時間能做的其他事，而台灣人的心都放在等待的事情上。換句話說，這餐不是為了彌補等待，而是等待的圓滿結束。

信義路的鼎泰豐也差不多。這裡賣竹籠蒸的各種餡料的小籠包，但只有在你花了相當長的時間在門外等待，聽旁邊的人對小籠包以及當中的餡料深入談論之後，你才能吃得到。當我跟朋友說，我雖然在台北住了十幾年，但從來沒有吃過鼎泰豐，每次看到的都是同樣的眼神：一絲的同情，同時瞬間透露出我不值得同情。而吃是重中之重，只要門前等待的隊伍能保證門內提供的品質，等待本身就是值得的證明，你只需要接受……然後耐心等待。然而做為一個德國人，我實在不願意為了幾個餃子放棄已經建立的信念。因為阜杭離我丈母娘家很近，所以我去吃過一次。那是快到中午的時候，台灣人已經開始期待下一餐，我只等了十分鐘就買到最後的、不是剛出爐的燒餅。我沒辦法說那是我吃過最好吃的，正是這樣，我滿意地離開。顯然我對優先次序的衡量完全沒有問題。為了買燒餅真的不值得排一個小時的隊。

第八章 凍蒜勝選：台灣政治的特點

在台灣，民主不是理所當然的事。台灣人付出了巨大的犧牲，自此之後公民社會大力捍衛，既抵禦內部侵蝕，也對抗外部威脅。眾所周知北京政權正竭盡全力在國際外交上孤立台灣，並堅持統一的目標，必要時甚至將動用武力。北京甚至不接受台灣在世界衛生組織的觀察員身分，這在全球新冠危機期間再次證明是毫無掩飾的瘋狂。儘管台灣人民沒有被北京的威脅姿態所嚇倒，然而所有的政策都是在具體威脅的陰影下進行，獨裁時期就是如此，轉型民主之後也沒有改變。「你對中華人民共和國的態度如何？」因此成為台灣政治的關鍵問題。極少數人希望盡快與他們的大鄰居統一，而更多的人則要求國家立即獨立。介於兩者之間的是大多數公民，他們的立場是基於在政治原則、忠誠感和現實壓力之間的難取捨。

老一輩中國大陸人中仍有不少人雖然排斥共產政權，又覺得自己是中國人，不希望台灣脫離「祖國」。相反的許多年輕人渴望國家完全獨立，但不相信可以和平實現，同時又感受到上海和中國其他城市收入機會的誘惑。有人看不到台灣的未來，夢想在美國或歐洲生活，有人為公民社會的成就感到自豪，並且希望協助進一步發展這些成就。民主優於獨裁是凝聚這分裂社會的廣泛共識——這種共識能持續多久還有待觀察。北京對破壞這一共識非常積極，而且中國政權在追求其目標時不會三心二意（但往往笨拙）。

華盛頓的老大哥

台灣作為一個獨立的政治實體存在也不是理所當然的事。內戰失敗後，國民黨軍隊士氣低落，連作為最重要盟友的美國也不相信逃亡的台灣政權還能存活下來。華盛頓對獨裁者蔣介石的同情早已不復存在，他被稱為「Cash-My-Cheque」，因為他不斷要求新的財政援助，然後錢在他腐敗的政府中就消失了。一九五〇年一月蔣介石遭美國放棄。在一次演講中國務卿艾奇遜（Acheson）概述了美國在東亞的安全利益，並在太平洋劃出了一條假想線，其中包括戰敗的日本，但不包括兩個盟友台灣和韓國。蔣總司令怒火中燒，毛澤東欣喜若狂，然而卻遲遲沒有下達「解放」台灣的進軍令。他擁有龐大的地面部隊，其中八十萬人駐紮在中國沿海，但沒有強大的海軍和空軍。這可能就是為什麼毛澤東在與史達林商量後，同意朝鮮共產黨領導人金日成先派兵前往朝鮮半島南方。在史達林的敦促下，毛澤東甚至答應派中國軍隊幫助朝鮮同志。他希望韓國的淪陷會進一步削弱台灣的士氣，並使他自己的戰役變得更容易。毛澤東還指望美國的立場不會改變，太平洋上的假想線會持續下去。

史達林的算計恰好相反。他希望美國插手朝鮮事務，捲入與中國的對抗中。他希望這首先會削弱美國國力，從而增加他在歐洲的迴旋餘地，其次中國將繼續依賴俄羅斯的軍事援助。「這對我們平衡世界的力量有幫助嗎？」他在一封信中問捷克斯洛伐克總統哥特瓦爾德（Gottwald），而且立即自己給出了答案：「絕對有幫助。」

史達林的計算再次得逞。

金日成突擊之後，杜魯門總統立即修正了美國的立場。他派軍隊進入韓國以阻止共產主義的前進，並派遣美國第七艦隊進入台灣海峽率先阻止任何的進軍。這一次毛澤東勃然大怒（並且對派兵到朝鮮的承諾退縮了），蔣介石欣喜若狂，毫不猶豫地提出讓他的軍隊支持美國。杜魯門禮貌地拒絕了，但固執己見的太平洋指揮官麥克阿瑟將軍稱台灣為「永不沉沒的航空母艦」，使台灣的新角色形象鮮明令人難忘。美國又需要台灣了。因此國民黨政權是戰爭中為數不多的勝利者之一，其軍事結果僅限於恢復原狀，即至今仍維持的三十八度線劃分朝鮮半島。代價慘不忍睹，死亡總人數估計在三、四百萬之間，其中一半到三分之二是韓國人民。

這毫無意義的大屠殺預示了台美關係的新篇章。從那時起美國人依賴他們在太平洋的基地，尤其是在祕密行動和間諜活動領域。冷戰的時候CIA在台北的據點雇用了六百多名美國人。「西方企業」是公司的門牌名稱，但每個計程車司機都知道這家公司葫蘆裡賣什麼藥。當時由於華盛頓和北京沒有外交關係，美國只能從台灣監視這個封閉的龐大帝國，並接受這樣做是在支持台灣的專制政權。行之有效的座右銘是：XY委員長（這裡是蔣介石）可能是無賴，但至少他是我們的無賴。

故事的下一章由亨利・季辛吉（Henry Kissinger）和理查・尼克森（Richard Nixon）揭開序幕。前者透過祕密外交籌備與中國靠攏，從而使後者在其任期內完成最大的外交政策改變，也就是一九七二年對北京的歷史性國事訪問。早在一九七一年，聯合國就已決定將中華民國排除在外，接受中華人民共和國作為中國唯一代表。這就是台灣外交孤立的開始，而且發展至今。

問歷史學者一個狡猾的問題：德國聯邦共和國在一九七一年十月對台灣如此重要的聯合國投票中如何投票？

答案：沒投票。兩德都是在一九七三年才被聯合國接納的。

如果你知道這一點，你一定也知道哪個國家是目前台灣在歐洲最後一個邦交國。沒錯，梵蒂岡。梵蒂岡雖然非常想要與中華人民共和國建立關係，那裡有更多的天主教徒，但到目前為止，雙方未能就教皇的所在地達成共識，羅馬或北京以及他屬於哪個宗派，天主教或共產黨。

回到主題。越南戰爭一直打到一九七九年，這時美國才與台北斷交，與北京建交。從此以後美方對台灣的關係，一直以同年通過的台灣關係法為基礎。媒體有時稱該法包含美國方面對台灣安全的承諾。就這點而言暗示美國有義務對台灣進行積極的軍事防禦，這種措辭具有誤導性，這種保證並不存在。文本只是說，美國將把任何以非和平方式決定台灣未來的力量，視為對西太平洋和平與安全的威脅，並施以「高度關切」。至於受什麼人威脅雖然未提到，但大概沒有人會認為是薩摩亞。* 除此之外華盛頓還承諾出售武器給台灣，讓台灣能夠抵禦侵略，武器銷售的類型和數量必須由總統和國會決定。如果中華人民共和國發動攻擊，美國將採取什麼行動，絕不是法律規定的——因為這就是《台灣關係法》意義所在，它不是雙邊協議。華盛頓的首要目標，在於防止台海兩岸發生武裝衝突並維持現狀。為此必須防止北京以武力統一，防止台北正式宣布獨立，因為在這種情況下，中華人民共和國肯定會動武。然而就算沒有這樣的挑釁，北京也有可能失去耐性。在結語中我會再一次討論美國所陷入的棘手處境。

儘管理查．尼克森有過歷史性的「背叛」，傳統上台灣與共和黨總統的關係要好過於民主黨總統，因為前者往往對中國採取更強硬的路線。此外，過去國民黨與美國的聯繫比外交經驗少的民進黨更好，但現在已不再如此。在華盛頓蔡英文因其冷靜的頭腦而比以前的陳水扁得到更高的評價。蔡英文在二〇一六年贏得大選後川普透過電話祝賀她時，在國際上引起不小的關注，北京立即發出必然的抗議照會。這一消息在台灣讓人覺得安心，並不是因為台灣人對未來美國總統的善意有信心，而是因為這表明新政府與華盛頓有聯繫，才可能有這樣的通話。川普的反華言論在台灣非常受歡迎，根據民意調查他將會在二〇二〇年以絕大多數票再次當選（這是我難以接受的事實）。無論未來幾年美國的立場如何發展，與美國的良好關係仍然是台灣生死攸關的問題。

二〇一九年總統競選活動：一個草包的詭異崛起

就我至今所敘述的，可能沒有必要再強調，但我還是想聲明關於台灣

＊譯註：Samoa薩摩亞，南太平洋島國。

的政治我並非客觀中立。我對國民黨的好感有限。這個政黨中有一些有理智的人，但整體上在我看來它並沒有正視自己的犯罪歷史，反而將自己塑造成民進黨報復運動的受害者。民主化後，國民黨靠高得離譜的養老金拉攏它傳統的支柱——軍隊、公務員和教師，從而大大傷害了年輕一代和整個國家。另一方面，對民進黨該批評的也很多。民進黨內存在一個強大而僵化的派系，這一派系透過任何必要的手段想爭取台灣獨立，而且將任何務實態度妖魔化為背叛。民進黨絕不是對貪腐和權力鬥爭免疫，但我仍然認為它是一股具有足夠經驗的進步力量，從根本上帶領台灣朝著正確的方向前進。沒有人必須同意這個觀點，但以下的段落會傾向這樣的觀點。

現在進入競選活動！如果想體驗台灣民主實際行動的人，應該在街頭進行政治活動時訪問這個國家。掃街是競選期間主要的活動，當然不是用掃帚和畚箕打掃，而是候選人無所不在的現身在公共場所。候選人乘坐一輛敞篷吉普車四處移動，通常在他們的上半身圍著一條肩帶，上面寫著他們在選票上的號碼。他們手裡拿著香，在他們選區的所有寺廟裡拜拜，他們在夜市從一個攤位走到另一個攤位，他們與數百人握手並自拍——這些與德國沒有本質區別，但更密集，更細微，更日常。這麼說吧：在德國你必須花點力氣才能在外面見到你選區的候選人，在台灣你必須繞很多彎路才能避開他或她。二〇一九年，我在完全不知情的情況下參加了我大舅子社區的聖誕晚餐，一個小時內，選區的所有候選人都來拜訪了。在一大群助理的協助下，他們從一張桌子走到另一張桌子，舉杯敬酒唱*Jingle Bells* *We Wish You a Merry Christmas*。宴會上的大多數客人都忍耐著，我感覺再次以全新的方式體驗了「選擇的折磨」（Qual der Wahl）*。

聖誕節後，競選活動的關鍵性階段開始了。蔡英文總統是一位腳踏實

---

* 譯註：這裡作者玩了文字遊戲，Wahl在德文同時有選擇和選舉的意思，Qual der Wahl是德文中常用的表達，表示做抉擇像是折磨。

地、善於分析的女性，她不是一個激動人心的演講者，但對事絕對是認真和條理清楚，她代表民進黨競選連任。為了支持她的競選活動，我太太在蔡英文的競選辦公室買了一條小英的毛巾——這是從棒球場借來的一種展示自己立場的方式；在球場上球迷們總是高舉印有正要揮棒球員名字的毛巾。高雄市長代表國民黨參選，他能擔任國家最高公職的資格，可能在於他知道怎麼寫「總統」兩個字。

你覺得我說得太誇張？我可以毫不費力氣舉足夠的例子填滿本書的其餘部分，來支持我的評估。這個人的名字叫韓國瑜，一個十足的民粹主義者，專開空頭支票。大多數時候，他只說出他認為在那一刻對他有利的話。當他發覺自己的魅力沒有受到年輕人的歡迎時，他滿懷信心地承諾，如果當上總統他將資助所有台灣學生出國一年。幾小時後，第一個民調統計結果在網上流傳開來——數字相當可觀。過了兩天，他比之前明顯地話不敢說太滿了，他解釋他的計劃：作為總統，他會立即研究政府有什麼可能性，可以支持一些特別優秀的年輕人到台灣以外的地方學習一段時間。顯然他並不知道這類獎學金存在已久。

隨著韓國瑜的提名，一連串的尷尬開始了，就算對不乏光怪陸離的台灣政治而言仍是前所未見。首先，上任僅一年的高雄市長請假三個月，全力投入總統競選，而且本著機會均等的精神，要求現任總統也照樣做。他對自己追求的職位顯然非常不重視，以至於他認為這個職位休息三個月也無妨。我在電視上看到一段用手機拍下的影片，影片中在台北一家俱樂部裡年輕人跳舞並且大聲唱著：「韓國瑜是個草包」。

草包大概相當於德語的Vollpfosten（笨蛋／蠢貨）。

對於民進黨來說，韓市長的參選是危險的。他背後有有錢人在支持，那些人比他們的候選人更會算，思維更清晰，並且擁有媒體來推動他們的候選人。在親國民黨的電視台整天的節目都可以看到韓國瑜，蔡總統幾乎沒有出現。富商喜歡與中國有著密切經濟聯繫的國民黨，而反過來，中國共產黨人鄙視國民黨，因為它無法掌控人民，但至少國民黨的代表認為自己是中國人，不會不斷談論台灣認同。從北京的角度來看，這最終表明了危險的精神錯亂。

在我告訴你草包競選活動如何結束之前，我必須解釋兩個流行語，這兩個流行語幾十年來一直在左右台灣關於中國的討論，因此在最近的競選活動中也無處不在。一個是「一國兩制」，一個是大家熟知的「九二共識」。

外交政策或有爭議的「一」「二」身分認同

讓我們先離題一下，直接進入鄧小平的腦海（稍停片刻，讓我們的眼睛適應黑暗）。八〇年代初，中國政治改革之父考慮如何實現統一中國與當時不受北京統治的台灣、香港和澳門領土。後兩者要分別與英國和葡萄牙談判，但實際上獨立的台灣則另當別論。

鄧同志知道台灣沒有人願意受共產黨統治。因此他發明了「一國兩制」的說法，表面上是指和平統一後，台灣可以保留其政治經濟制度的某些部分。換句話說，在不同的社會實踐下國家統一。歷史進程首先給了中國領導機會，首先是在香港（一九九七年）和澳門（一九九九年）根據這一原則訂定五十年的過渡期，但最初的目的是將其作為統一台灣的藍圖。

二〇一九年夏天在香港爆發的抗議活動，導致街頭群眾與警方的暴力衝突，在台灣引起了極大的同情。數十萬人走上街頭反對一項允許將罪犯引渡到中華人民共和國的法律草案。對許多台灣人來說，政府容忍警察鎮壓，證明「一國兩制」並不是以五十年來確保人民自由權利的務實方式，而是一種修辭，其背後正在逐漸侵蝕這些權利。一國就是一國。中華人民共和國所在之地，沒有民主。當國家安全法於二〇二〇年七月通過，北京最終明確表明不會容忍在其勢力範圍內出現第二個系統。熱愛自由的台灣人得出結論，他們必須提防台灣是「中國的一部分」的說法。

這裡提到的第二個流行詞也與香港息息相關。一九九二年十月，國共兩黨代表在英國直轄殖民地會談。討論的具體內容不得而知，因為祕密會談在沒有官方說明的情況下結束，但肯定是關於一個中國原則以及台灣海峽兩岸如何理解這一原則。直到八年後，國民黨萬萬沒想到獨立鬥士陳水扁進入總統府，這時才流行起會談的結果「九二共識」這用語。意思是只有一個中國，但雙方對「中國」的含義有各自的理解。

英語的說法就是「Agree to disagree」（同意有異議）。在北京「一個中國」當然是理解為只有一個中華人民共和國，台灣屬於中國，不管台灣人怎麼想。而國民黨則認為只有中華民國對整個中國大陸擁有法律上的主權，儘管事實上缺乏貫徹的手段。現在我們可以問一個問題，一項協議嚴格來說彼此認為未達成意見一致，它的政治價值是什麼；一個可能的答案是：它的價值就在於此。如果外交是維持模糊和平的高級藝術，那麼一九九二年的花招就完全可以稱得上巧妙，因為它讓兩種截然相反且相互排斥的觀點—就這麼剛好！—得以被稱之為共識。廣義來說：我認為你的觀點錯誤就如同你認為我的觀點錯誤，所以說我們意見一致。

然而當時的參與者卻看到了別處的價值：他們認為所謂的共識是為了排除那些認為確實只有一個中國，而且還有一個不想屬於這個中國的台灣的人。難怪民進黨對這項協議始終未處理。二〇一六年蔡英文勝選後，中國政府要求她首先正式承認九二共識，這可以理解為要求她政治自殺，因為蔡英文的支持者絕不會原諒這樣的一步。她理所當然的拒絕，導致所有雙邊會談的中斷。

相反的，國民黨長期以來捍衛其談判達成的共識，因為他們將其視為維持現狀和防止台海爆發敵對行動的正確手段。然而二〇一九年一月，蔡英文最重要的競選助手發表了一篇廣受好評的演講：中國國家主席習近平在向「台灣同胞」講話時明確表示，九二共識和一國兩制最終具有相同的內容，最重要的是具有相同的目標，即迅速實踐台灣回歸祖國。換句話說，關於中國是什麼，誰來統治中國，沒有不同的觀點。這讓國民黨陷入懸而未決的困境，因為它雖然想堅持九二共識——候選人韓國瑜在競選期間多次強調這一點——但國民黨已經無法展示其意義和內容所在。中國政權以典型的表裡不一終止了共識，但繼續要求台灣承認，這將自動導致台灣屈服於北京的權力主張。

「凍蒜！凍蒜！」

選舉前兩天，我突然緊張起來。數週以來，蔡英文一直以二位數的優勢穩步在民意調查中領先，而對手有時表現得好像他想毀壞自己的競選。然而死忠鐵粉一點也不在意，就在選舉之前，我親眼見識有多少人支持他。數十萬韓粉湧向總統府前的最後造勢。我太太拒絕陪我進入敵區，而寧願參加由搖滾明星政治家林昶佐在龍山寺前辦的活動。當我在西門町下捷運時，第一批人已經向我走來。他們攜帶中華民國國旗，這在民進黨集會上是不會有，很容易認出是國民黨支持者。這是一個溫暖宜人的一月傍晚（在台灣這不是矛盾形容法），我越靠近會場，街道上就越擁擠。在台大醫院前幾乎是沒辦法通過，到處都是旗幟以及讓人惱怒的標語譬如「護旗護子護孫」。有人可能會問，那女兒和孫女呢？偶爾離開同溫層應該是件好事，但我還是越來越不安。有兩次完全陌生的人伸手感謝我的支持。「韓爸爸保護你們」——我在一張市長微笑的肖像海報上方讀到這樣的標語。在下一個路口，中年婦女圍坐成一圈，喊著自己英雄的名字，直到聲音嘶啞。

在台灣選舉前一天禁止再發表民意調查結果，當我擠過人群時，我擔心事情會不會和我想的不一樣。今晚我原以為看到的主要會是老年人，但看到的是所有年齡層的代表，他們相信國民黨的敘事而團結在一起：我們保護台灣免受共產主義侵害並讓台灣富裕，我們是安全與繁榮的保證者。

其中有些是對的，但我仍然不明白怎麼會有人為這個候選人走上街頭。如果我是一名記者，我一定會找人交談，詢問他們的信念和恐懼，但我感到驚訝，我的厭惡感幾乎強烈到讓我無法動彈。我是一個外國人，我可以超脫於一切之上，反正我不能投票。而我真的只想逃離。人潮越來越密集，當東門出現在我的視野，終於走不過去了。我離舞台還有幾百米。

「在龍山寺前情況怎麼樣？」我發簡訊給太太。

「我不知道，我還在吃東西。」這回答不完全讓我驚訝。

「我現在就過去。」

「韓粉嚇到你了嗎？」她加了笑臉問。韓粉是對韓國瑜鋼鐵支持者的常用稱呼。

我對自己的撤退並不感到驕傲，但她說的是事實：他們嚇壞我了，他們讓我感到困惑不安。我太喜歡台灣了，以至於無法以冷靜的距離關注正在發生的事情。在一個反思派的示威中我也會受不了，在回捷運站的路上我這樣告訴自己。捷運站是兩個陣營狹路相逢的地方，韓粉和那些想見林昶佐的人交會。沒有人罵髒話，沒有粗俗的挑釁行為。台灣的民主基本上是非常文明的，然而在外國人的印象中卻仍然是國會的打架場景，那確實也發生過，不過現在就算有，也實屬罕見。

半小時後，我就回到我自己的同類中。放眼所見，我是唯一的外國人，但在政治上我們站在同一邊（再說一次：這感覺太好了，讓我有點懷疑）。林昶佐四年前進入國會也引起了國際關注，因為他是以重金屬閃靈樂團的主唱廣為人知。事實上他長期以來一直在政治活動上非常活躍，例如參加國際特赦組織。他作為時代力量的成員進入國會，該黨從太陽花運動中脫穎而出，後來他離開時代力量，但與民進黨密切合作以捍衛自己作為獨立候選人的使命。

今晚顯示了密切合作的程度。比如二〇一四年學運領袖之一，現任民進黨副祕書長的林飛帆*——現在發福了一點——在台灣社交媒體上引起廣泛討論。他主要用華語發言，多次提到香港的情況。在我們周圍，年輕人舉起手用粵語高呼當地抗議運動的五項訴求。當林切換到台語時，我甚至能聽得出他不太習慣講台語。

綠營選舉活動都是經過精心策劃。所有的演講都伴隨著音樂，音樂的基調與內容完全相符。他敘述的大意是：我們將台灣從獨裁統治下解放出來，而且使台灣民主化，我們保證自由和政治主權。當戒嚴時期以及民主的漫長歷程的記憶被喚起，悲情產生了共鳴。兩年前在高雄市長選舉中輸給韓國瑜的陳其邁獲得熱烈掌聲。（韓國瑜此時在總統府前講話，我後來在電視上看到的：完全就是一場他對政治對手的辱罵。幸好我及時逃出來了。）

晚上九點左右，林昶佐在熱烈的掌聲中上台。他是一位出色的演說家，我太太說的，因為和我不一樣，她當然清楚，因為她聽得懂他說的——林昶佐只說台語，所以我可以沉浸在氣氛中半小時而不用細聽。然後蔡總統親自站台。對於民進黨候選人來說並不尋常，但對我來說很好，她也偏好用華語。蔡英文向觀眾鄭重承諾，不僅僅是要保衛總統府，還要爭取議會的多數。抗中保台是她訴求的主題。活動接近尾聲時，音樂聲和歡呼聲也越來越響亮，大家緊握拳頭，揮舞著旗幟，直到大家齊聲高喊台灣競選活動不可少的口號：「凍蒜！凍蒜！」

懂了嗎？

是這樣的：台語沒有自己的文字。由於台灣的中文口語常夾雜著台語，所以有時會使用接近發音的漢字。閱讀時千萬不要被文字的意思所誤導，因為重要的是聲音。凍蒜也是如此：現在在舞台屏幕上以流行的漫畫風格閃爍的兩個字，實際上是「冷凍大蒜」的意思，正確中文應該寫做「當選」。就算在傳統上很少聽到台語的國民黨活動中，也不會有人喊「當

＊本書完成於二〇二一年。

選！當選！」破壞氣氛。

台灣民主的母語始終是台語。

所以喊凍蒜，喊叫聲越來越頻繁，越來越快，越來越響亮。後來我也跟著一起大喊。在台灣民主不是例行公事，而是熱忱的事情；國家也不是單純的機器，而各有多面孔的活生生存在。領頭的是一個未婚女士，沒有權勢家族做後盾，而此時此刻，站在她後面的是一個紮著長髮的年輕人，他自稱Freddy，名字來自美國恐怖片中的角色。數位發展部長是跨性別者，無論北京那些長得像克隆人的幹部多麼憤怒，這裡沒有人會理會他們。隨著活動的結束，人們只能希望凍蒜的人不辜負諾言，而且正義的一方獲勝。

兩天塵埃落定。蔡英文以比她之前任何一位民選台灣總統都多的票數當選。她獲得超過五十七％，韓國瑜獲得三十八・六％，剩下的一小部分留給第三名候選人。至少對我而言，令人驚喜的是，民進黨也捍衛了在議會中的多數席位。林昶佐再次以微弱優勢贏得選區。投票率為七十五%，儘管沒有郵寄投票，居住在國外的選民只能飛回台灣投票的情況下。

我非常滿意，只有一件事困擾我：德國外長認為沒有必要祝賀台灣總統當選。二〇一二年馬英九為國民黨獲勝時基多．威斯特維勒（Guido Westerwelle）還祝賀了——馬是北京可以接受的候選人。四年後當在中國被人厭惡的蔡英文首次當選時，弗蘭克．施泰因邁爾（Frank-Walter Steinmeier）沒有祝賀，但是稱讚台灣選舉公正自由，民主根基深厚。現在對於蔡英文的連任，海科．馬斯（Heiko Maas）乾脆保持沉默。北京當然很樂見這樣的態度。

外交部長先生，有勇氣不是這個樣子。關於它的樣貌，在台灣可以學習到。

PS：國民黨的支持度隨著選舉的失敗而跌至新低，而且似乎越來越不了解台灣大多數人的想法。對於他們的候選人韓國瑜，慘的還在後頭。

高雄人對他提起罷免程序，因為韓市長對他的城市關注太少，或者在那裡也做出了太多承諾，然後又忘記了。在收集到必要的簽名後，雖然韓國瑜試圖合法地阻止整件事情發生——其中韓國瑜提出一個完全有效的論點，罷免可能損害他聲譽——正式程序開始了。二〇二〇年六月舉行了台灣民主歷史上前所未見的罷免投票，結果明確：韓國瑜以將近百分之百的同意票被罷免。這個數字有一定的扭曲，因為韓市長很早就意識到他最後的機會是，所有有投票權的人中只要少於四分之一的人參與投票，因此他呼籲他的支持者不要去投票。

儘管如此，最終還是有超過四十％的市民投了票。兩個月後的補選中，民進黨以七十％的選票奪回市長的寶座。

第九章　信仰天庭：台灣的宗教

選舉後不久，農曆新年到來。進入鼠年，老鼠在我們德國人耳朵聽來有些醜陋，我們不會把這種動物與正面積極的特徵聯想在一起。但是我出生於一九七二年，老鼠是我的生肖，所以我得做點什麼，二〇二〇年才會萬事順遂，至於該做什麼，就是安太歲。關於安太歲，我必須先從頭說起，這很複雜，尤其是如果你像我一樣對占星術一點都不感興趣。

從表面上看，中國的生肖和我們的星座有相似之處，首先都是十二個。關於西洋星座對應於一年中的月份，因為星座是根據黃道確定的，也就是說，從地球上看，根據太陽假設軌道來決定星座位置。另一方面，中國的生肖是基於木星的週期，因此跨越十二年。每一年有一種動物作為生肖。太歲是特定年份與木星相對的星的名稱。被擬人化為幫助玉皇大帝管理人間的六十位天將之一。數字六十是用十二乘以傳統的五種元素火、土、金、水和木得到的。這是出於宇宙學的原因，就請你接受。安是「平安」或「安撫」，所以安太歲就是「安撫當年在主位的天將」。

到目前為止沒有問題。下一個問題是如何安太歲。

好吧，很簡單：用錢。

西方觀察者要想了解在中國的文化軌道上什麼才是宗教，就必須先跳出慣常的思維軌道。在遠東沒有一神論，也就是說沒有無所不能、無所不知的造物神，今世和彼岸的界線沒有西方傳統那麼嚴格。相反，這兩個領域互為鏡像關係，重要人物（通常是統治者、將軍或學者）可以在死後升為神的等級。最好把中國的神界看成是對應於世間的權利機構，也就是等級分明，按職責分工。從這個角度來看，向同一個神提出所有要求是沒有意義的。想像一下一個大城市，市長雖然擁有廣泛的權力，假如他手下沒有官僚團隊，除了幾位沒有行政經驗的天使外，你覺得這個城市的管理會好嗎？

由於中國宗教不是最近的發明，因此應該先在腦子裡想像大清帝國的行政管理，以便了解它是怎麼運作的。寺廟就好比神的衙門，兩者建築風格相同已經表明了這一點。有守衛的大門、庭院、行政長官或主神的主殿，以及帶有側翼裡提供各種功能的房間。傳統上中國的官僚權力機關分文或武，這同樣適用於神。通常寺廟供奉的是一位主神，主神的雕像矗立在主殿中。正如每個地方縣令或巡撫會將最重要的官員聚集在身邊一樣，主神雕像兩側是其他職位較低或較小的雕像，這些雕像構成隨從。階級結構在這裡繼續；職位較高的神可以透過他們的坐姿來辨認，而職位較低的神則必須站著，並且經常露出可怕扭曲面孔。以前的衙門少不了動粗的人，收欠稅，驅趕不速之客，執行刑罰等，這些不是在官府裡進行，而是在院子或衙門外，因此相應的宗教儀式也是如此。在大廳裡參拜者提出他們的請示，換句話他們祈禱、叩拜和問事。問事也模仿了請願者過去與地方法官的談話——如果被允許的話。

然而在今天的寺廟裡，不得其門而入不再是一個問題。在台灣你有的是太多選擇的煩惱，你可以選擇你想去的廟宇。

媽祖意味深長的笑

原本我和我太太想去龍山寺安太歲，龍山寺是台北最美和香火十分鼎盛的寺廟之一，林昶佐的造勢活動就在那裡辦的。福建泉州府來的移民於十八世紀建造龍山寺，作為在新家園中的故鄉的象徵。它曾多次被毀，目前的建築可以追溯到殖民時代。廟裡供奉的是觀世音菩薩，她是佛教傳統中的慈悲女神，其中文名字的意思是「聆聽世間的聲音」，指的是苦難中人的祈求聲。不過在比較價格後我們發現，這裡安太歲要台幣八百元（約合二十四歐元），而在我們家附近的媽祖廟只要台幣六百元——想必是龍山寺遊客眾多把價錢抬高了。既然媽祖的法力不亞於觀世音，我們決定選媽祖。

這座建於一七五三年的寺廟的正式名稱是慈佑宮。相傳有位和尚沿著河邊行走，遇到虔誠的群眾向媽祖祈福，於是便決定就地建廟供奉媽祖。媽祖不僅在台灣，而且在整個中國南部沿海地區都是最受歡迎的女神之一。她也被稱為「天后」，她的信眾通常稱她「媽祖婆」。

她的俗名叫林默娘，活在十世紀末。據說是在她出生時沒有哭泣，所以就取了這個名字。她一直是一個安靜、博覽群書的孩子，並且很早就表現出了特殊的能力，例如她可以造雨。和大多數移居台灣的中國人一樣，她來自沿海的福建省，但與今天大多數台灣人不同的是，她會游泳（為什麼島民偏偏不願意學游泳是一個謎，我們在這裡無法探究）。在救了幾名船難遇險的人免於溺水後，她先是受到漁民和海員的崇拜。關於她的死有不同的說法：一、她為了救在海上遇險的父親而溺水身亡；二、她過於沉溺打坐而死；三、她為了抗議被逼婚而自盡；四、她根本沒有死，而是爬上了一座山升天了。

慈佑宮的雕像屬於台灣分佈很廣的黑面媽祖。一位美國漢學家的書中以基隆港為例，非常專業地探討了台灣認同的形成，作者承認無法找出女神的黑臉是怎麼回事。顯然他考慮的是一種形上學的解釋，圍繞著黑色或神祕邪教的象徵內容。他應該問問本地人的。我問了一個台灣人，得到了以下的答案：是寺廟裡許多香的煙霧把雕像燻黑了。

雖然如今見神已經不是問題，但想要安太歲，就必須出示身份，在宗教背景下就是要八字。八字是根據舊陰曆從一個人的出生日期得出的，年／月／日／時辰。今天你在網上可以查得到。自己命的重量也可以根據八字推算出來。老實說，我從來沒有真正理解這是怎麼回事。顯然我們的命運是注定的，我的八字是三兩九，也就是將近兩百克——一個普通的重量。台灣人說八字輕的人容易見鬼，並不是說他們瘋了，因為鬼是存在的，但不是所有人都看得見。以我兩百克的八字來說在這方面是比較遲鈍的，實際上也真的沒見過鬼。

當我太太在向眾神像鞠躬時，我閃到一邊。關於我的遲鈍，用專業術語來表達就是不可知論，它可能與形上學的體重不足有關，總之參與宗教活動——尤其是那些我不完全理解的——感覺很奇怪。暫停讓我有機會說幾句關於廟裡的占卜。台灣寺廟中最常見的是筊杯：兩塊月牙形的木頭，一面是扁平的，另一面是凸起的。如果你把它們扔在地板上，可能會出現三種情況：兩塊平面朝上，或者兩塊凸面朝上，或者一塊平面朝上，另一塊凸面朝上。相應地向神提出的問題，回答只有三種可能：「是」、「不是」，或是「不知道」。後者在台語中稱為笑杯，表示神明笑而不答，不置可否。當我丈母娘發現她女兒有一個德國男朋友，她直接跑到廟裡問媽祖，我們會不會結婚。意思當然是：這個人可靠嗎？他是認真的，還是有一天他會遺棄她？

媽祖笑了。

我相信她的意思是：去認識他，自己判斷！從基督教的角度來看，神明具有幽默感並且在回答時謙虛或迴避是不尋常的。聖經中的上帝愛人、懲罰和寬恕罪過，祂看到並知道一切，但祂從不笑。要笑什麼？幽默是一種用來應對哲學家所謂的不確定性的策略：世界就是這個樣子，我們在它的存在中無法解釋它。我們人類需要幽默來接受我們有限的視角，在台灣和中國曾經是凡人的神明也是如此。相反的，無所不知的上帝處於不同的位置。你可以試試看給這樣的人講個笑話。

「一個人來找醫生說……」

「我知道！」

我丈母娘不知道，而且不要媽祖避重就輕的回答，於是她去找算命先生。他也無法回答她的問題，但至少給了她一顆定心丸：「我不知道他們會不會結婚，但我可以向妳保證，妳的女兒不會被遺棄。不會有人遺棄她，絕對不會！」

讓我們把真相內容放在一邊，顯然現在還為時過早。媽祖的笑，遠比江湖郎中算計的回答要睿智，你認為呢？

安太歲的實際程序與人們對官僚機構可預期的一樣實在。繳費處在寺廟的側翼。我們填寫了兩份表格：姓名、地址、電子郵件（萬一神明有任何問題）還有我們的八字。然後付錢，作為回報，我們會收到一張收據，在這種情況下稱為感謝狀，還有一個護身符，上面的媽祖看起來像Hello Kitty，但有一張嘴。還有一支筆和一本寫有媽祖故事的小桌曆。

任務完成。安好太歲了。

如果有人想將台灣寺廟與一家保險公司進行比較——這並不太牽強——安一次太歲六百元台幣就是基本費率。今年媽祖會看顧我們，確保我們不會溺水，但有時你對生活的期望更高。寺廟為此提供額外服務，當然需要額外收費。牆上的一張海報列出了不同類別可以點亮的明燈，類似於天主教堂裡的蠟燭。

婚姻美滿幸福又是六百元台幣。這似乎是一個標準價格，只是醫療問題要加倍收費。現在阻止我為我們的幸福投資的不是吝嗇，而是對可能難以捉摸的確定性的懷疑。不過，為了你手裡拿著的這本書（如果神明完成了祂的工作）以及我正在處理中的小說手稿，我想得到上天的保險，所以在海報尋找合適的類別。

「這裡，」我指著文昌君說。

我太太搖搖頭。「這是為重要考試前的學生準備的，」她說。「你是職業作家，你的書屬於這裡。」她把手指牢牢地按在財富燈上。

宗教與台灣認同問題

如果你現在認為台灣人與宗教有純粹的工具性關係，並且主要把寺廟視為某些服務的服務中心，那你就錯了。台灣的宗教日常極為多樣化。今天進寺廟的絕不是只有到收費處排隊想挽救婚姻的人。老人坐在院子裡打麻將喝茶，其他來拜拜的人或盯著手機或發呆看熱鬧。人們聚集在側廂裡一起讀佛經，節日有精心的儀式，放鞭炮，抬著神轎排長隊遊街。離我家三百公尺的土地公廟前，時常有布袋戲表演，別處從廟宇的房間傳出來喧鬧的卡拉OK音樂。甚至在大城市裡，這些地方仍然讓人瞥見他們過去在鄉村社區中扮演的核心角色。人們見面、拜拜、交換消息、牽紅線、解決糾紛等等。寺廟和官府的區別之一在於，後者只存在於城市中，而前者則遍及每個村莊。也許可以這麼說，只有一座寺廟才能將一堆房子變成一個社區。

在中國，宗教傳統在文化大革命（一九六六～七六年）期間基本上被根除了。伊恩．詹森（Ian Johnson），中文名張彥，撰寫了《中國的靈魂》（*The Souls of China*），這是一本精彩的書，講述近代中國的宗教復興——有時受到國家的鼓勵，有時又受到國家的管束或壓制。相反地，在台灣宗教隨著時間的推移而發生變化，但從未失去在社會和政治生活中的重要性。如果沒有宗教，就不可能形成二十世紀獨立自主的台灣認同。

一八九五年當台灣成為日本殖民地時，那些出生於中國的居民並不知道他們是台灣人。正如在龍山寺的例子中所見，許多廟宇都是分支，保存著根源於中國大陸的記憶；這仍然構成了那些在那裡拜拜的人的認同。人們繼續感到自己是根源地區的一部分。殖民統治者稱本地人為貶義的「土民」。有人提出抗議，於是他們引入了「本島人」的名稱，當中包含的並非國家歸屬而是雙重排斥：本島人既不是真正的中國人也不是真正的日本人，而僅僅只是表面的、地理的認同。之後正是少數本土菁英——在一九二〇年代只有不到四％的島民能夠讀寫——堅持使用「台灣人」的自我描述，現在這意味著一種集體命運，尤其是經歷過殖民統治者歧視的共同命運。宗教在這種新的自我認知的逐步傳播中發揮了重要作用。

因為台灣的寺廟中不僅舉行宗教儀式，而且還常有公眾集會，因此受到殖民地警察的嚴密監視。這在過去已經導致了緊張局勢，並在一九三〇年代達到了新的高峰，因為在殖民統治者努力教育所有本島人成為日本天皇的臣民時，對抗本地宗教變得尤其重要。傳統的節慶和遊行被禁止，寺廟逐漸年久失修或被拆除，取而代之的是神社。當戰爭首先在中國爆發，接著太平洋戰爭爆發，基隆的傳統鬼節開始和紀念日本戰死者的儀式互相競爭。

如果殖民統治者有意讓台灣人民對他們不滿，可以說找不到更有效的方法了。面對入侵的外來統治者，越來越多的本地人將自己視為一個獨立的群體，不僅居住在一個共同的領土上，而且具有創造內部凝聚力和與對外顯示差異的傳統——而他們的認同受到威脅。換句話說，台灣人雖然還沒有形成一個國家，但他們透過這些抗爭逐漸形成了一個民族。

一九四五年後，中國大陸人的殘忍和傲慢反而是鞏固而不是瓦解台獨意識。主人換了，但歧視依然存在，強制日本化之後接著是部份甚至更殘暴的中國化。殖民時期的本島人現在變成本省人，意思就是台灣作為中華民國的一個省。從今天的觀點來看，這個詞從政治詞彙中消失了，而對應詞卻倖存了下來：外省人，我翻譯成「中國大陸人」，外省人字面意思是「來自省外的人」，這一點意義重大。從台灣人的角度來看，那是那些因為內戰失敗而不得不逃到我們島上的人。這說明定義的權力逐漸轉移到台灣人手中，或者說：與民主化同時發展的是社會的台灣化。對於大多數人來說，「台灣」現在是一個政治名稱，而不僅僅只是地理上的。它不只是指一個太平洋島嶼，而是指一個擁有自己歷史的國家，只是由於北京的抵制才無法成為一個正式獨立的國家。

鬼月，香蕉的呼喚

台灣的宗教生活不僅限於寺廟。幾乎每家每戶都有供奉祖先的神壇。祭祀祖先是儒家傳統的重要支柱，而儒家傳統又是台灣社會的重要支柱。我們西方人習慣了不能同時是基督徒又是其他的教徒，例如佛教徒，但這種排他性的主張對東亞宗教來說是陌生的。天庭的分工在傳統中延續，所以台灣的教育是儒家教育，強調孝敬父母師長，但在重要考試前，學生向道教神明祈禱，而喪葬儀式幾乎都是依照佛教傳統進行。

祭祀祖先的重要性來自此岸與彼岸的整體連續。一個人對祖先的尊重不會隨著他們的死亡而結束，因為他們在彼岸繼續他們的生活。為了讓他們的魂得到安息，必須給他們一個莊嚴的葬禮，然後舉行某些儀式，尤其是定期的祭祀。在除夕夜，首先要為祖先擺好供桌，大家在祭壇前鞠躬，然後生者才開始享受大餐。類似的邏輯，台灣商家農曆正月初一和十五在店門口陳列供品，以及人行道上用鐵爐燒紙錢也是如此。在某種意義上，死者是以供品和紙錢維生。

二〇二〇年夏天當我的岳父去世時，他在殯儀館的一個靈堂停靈大約兩週，他的照片放祭壇上，讓親友前來弔唁；方式是手執一炷香鞠躬三拜。在安葬之前，這個靈堂可以說是他暫時的安息之所，靈堂的一部分服務就是每天供奉三餐，也就是說放到祭壇上。喪家聚集在靈堂接待哀悼者，佛教僧侶來與親屬一起誦經，好確保死者從這個世界順利過渡到彼岸。在正式的葬禮和火化之後，骨灰罈在一位佛教僧侶的陪同下再次被轉移到家族墓地。

沒有得到妥善安葬或被忽視的死者會變成厲鬼。為了安撫他們，必須在鬼月（也就是農曆七月，我們的八、九月）再次進行特殊的儀式。初一邀請鬼魂，十五準備特別豐盛的祭品，二十九送鬼回冥界。這期間陰陽交界比平常時更容易穿越，這就是為什麼應該盡可能避免某些活動的原因：

不要在鬼月結婚或搬家，如果可能的話，不要動手術——是的，惡鬼有可能作怪。至於水果攤販在這段時間甚至抱怨說，他們的香蕉賣得不好，因為香蕉這個詞的台語第二個音節聽起來像動詞「招／請」，會招來不速之客。

至於廟內的供品，必須是溫熱的，即半熟的，以標示人與神明的距離。然而給自己祖宗的飯菜必須是煮熟的，畢竟是留在家裡，給生者吃的。順便說一句，如果你有機會在台灣家庭中用餐，請務必避免外國客人常犯的失禮之舉。總的來說，台灣人的餐桌禮儀比我們寬鬆，可以輕聲咀嚼或啜飲，但是如果你想暫時放下筷子，絕對不要把筷子插在自己的米飯中。這會將吃掉一半的飯菜變成是祖先的祭品，這是極其不恭敬的行為。

佛教民間團體與台灣公民社會

在國民黨獨裁統治下，台灣的宗教雖然沒有像在中國那樣受到壓制，但也無法自由發展。特別是被視為迷信的佛教和道教傳統。這種情況從七〇年代開始逐漸改變，民間組織開始興起，如今已成為台灣公民社會的重要支柱。它們展示了台灣如何在不壓制宗教傳統的情況下實現社會現代化，以及我們自動將歐洲以外的現代化理解為「西方化」的傾向是不夠全面的。對台灣人而言，西方人，如果還存在的話，已經沒有他自以為的那麼重要了。

讓我們來看看最大的佛教民間團體慈濟。這個身價上億的全球性組織在五十個國家／地區設有五百多個辦事處，是一位來自台東偏遠沿海地區的一位性格獨特的台灣尼姑所創建的。她出生於一九三七年，父親去世時，她二十三歲，據說是在尋找合適的墓地時接觸到佛教的。但是她必須先接管父親的生意和照顧家庭，不得不延遲學習佛法教義，但一年後，她離家出走，住進一座佛寺裡。媽媽找到了她，把她帶了回來。又過了一年，女兒再次離家出走，投靠了一個尼姑，跟著她在島上漂泊了兩年。儘管她沒有按照規則完成師父的兩年學徒期，她還是自己剃頭，從而宣布自己出家為尼。儘管如此，她還是被人文主義和關注世俗的佛教先驅印順法師收為弟子，並賜予她現在在台灣境外聞名的名字「證嚴」，意思是以「證明嚴肅認真的態度」。從此以後，她的言行必須比以前更加名符其實。

根據她的官方傳記，正是一次與天主教修女的相遇使證嚴相信，佛教徒必須與世間的苦難對抗，而不是沉迷於抽象的形上學思辨。「佛教為社會做了什麼？」據說修女這樣問，聲音中可能帶著自以為是的憤慨。證嚴改述了這個問題「佛教能為社會做些什麼？」——並在一九六六年成立慈濟給出了答案，最初有大約三十名家庭主婦支持有需要的家庭，提供少量資金。

這僅僅是個開始。

如果沒有一九七〇年代的經濟起飛，很難想像慈濟隨後的迅速崛起。在台灣出現了城市中產階級，他們的生活不再以鄉村寺廟為中心，並且有財力幫助他人。由於他們也在快速變化的世界中尋找方向，慈濟為他們提供了一個有吸引力的目標：透過社會參與來實現個人成就並且豐富自己的心靈。可以說，這是佛教精神與儒家關心社區價值觀的結合。這種組合很受歡迎。慈濟不斷壯大，其援助項目也變得更大、更專業，直到一九八〇年代證嚴宣布她正在籌款為花蓮建一所醫院時，她才全國聞名。考慮到她的資源有限，這看起來像是狂妄自大，但這位尼姑再次證明了她的嚴肅認真的態度，最終籌集了二千六百萬美元。一九八六年醫院開幕。

一九八七年戒嚴令解除後，慈濟開始發展得更快。十年後，它已經擁有超過四百萬名會員。做好事並宣揚出去，可以說是她的座右銘，因為慈濟的公關跟急救一樣專業。慈濟興建了更多的醫院，以及一所大學、多所學校、雜誌、廣播和電視台、後來的網站等等。在蔣介石的統治下，這樣一個財力雄厚、專業運作的民間組織是不可想像的。隨著時間的推移，慈濟承擔了越來越多國家不能或不想完成的任務，尤其是在衛生部門。一九九九年台灣中部地區發生地震，政府救災反應遲緩，慈濟立即派出救援隊伍前往災區，搭建避難所、修繕學校、捐血。二〇〇七年慈濟籌集了一點五億美元。形式上它是一個非營利基金會，而不是宗教協會，即使不是佛教徒也可以參與這些項目。對於會員而言，參與活動與社會聲望相連，類似於我們的某些榮譽職位。

美國宗教社會學家趙文詞（Richard Madsen）在他的著作《民主妙法》（*Democracy's Dharma*）中，探討了像慈濟這樣的民間團體對於當今台灣政治認同的意義。當慈濟的刊物談到要把台灣變成一個大愛之島時，趙文詞聽到了一種新台灣民族主義的聲音——不是我們通常會聯想到的強硬口吻，而是建立在公民社會的軟實力，而非以國家威權為基礎的國家願景。

台灣在外交上孤立且在政治上基本上無能為力的情況下，可以透過像慈濟這樣的組織——慈濟在海外的代表處比國家多得多——向世界傳達一個受大眾歡迎的形象。在台灣慈濟為成員提供一種宗教信仰形式，其中社會參與比神學修養更重要；無論如何，後者在亞洲民間宗教中本來就不是很重要。與其花費一生沉浸在傳統經文中，不如捐出現代職業和家庭生活中剩餘的金錢和時間，以換取自我肯定、聲望和積極的社群體驗。在不同的情況下，也許也沒太大不同，人們會稱之為雙贏。

由於創始人證嚴出生於台灣，因此她的組織被認為是具台灣特色的而不是中國大陸的。對應的人物佛光山創始人星雲，他於一九四九年來到台灣，甚至任職國民黨中央委員會一段時間。事實上與證嚴不同，他也在政治上表達己見，例如嚴格反對台灣獨立，這使他成為一個有爭議的人物。今天佛光山也是跨全球的企業，在一百七十多個國家有寺廟，擁有大學、出版社、學校和醫院。在柏林和法蘭克福設有德國分部。人們可以到高雄附近的總部參加幾天的靜坐冥想，並且相信在大乘佛教講座中不會感到知識的壓力——這也適用於證嚴的教法。對於智性要求更高的人，還有第三個規模小得多的民間團體法鼓山，它特別受學者和藝術家的歡迎。

批評者指責這裡提到的所有民間團體都將佛教商業化了。從他們的活動來看，很難否認這一點。但是除此之外，他們對台灣公民社會也做出了重要貢獻。沒有民主化，它們就不可能興起（可以將其發展與中國迫害法輪功信徒的情況作比較），它們在成員中提倡社會責任感。鑑於台灣在國際上處於孤立狀態，它們也有助於讓世界看見這個擁有兩千三百萬居民的國家。趙文詞在他的書中稱之為「道德代表」。對於那些習慣於看到自己的政府在每個國際舞台上代表我們發言的人來說，即使我們可能不喜歡政府的某些言行，也很難想像缺少這樣代表的感覺。台灣人非常清楚這種感覺。具有廣泛網絡的民間宗教組織正在幫助填補這一空白，並將台灣的理念傳播到全世界。

從獨裁者到原住民：台灣的基督徒

早在十九世紀長老會傳教士就活躍在台灣島上。他們之前在福建傳教過，會說閩南話，也就是現在的台語。所以和本地人打交道的能力很強。由於他們開辦學校和醫院，日本人將他們視為在殖民時代初期實現台灣現代化的盟友。隨著太平洋戰爭的爆發和日趨激進的皇民政策，這種情況發生了變化。英美傳教士突然成為日本的敵人，因此被驅逐出境。儘管如此他們的傳教工作並沒有中斷多久。

一九四五年後，外國傳教士在台灣真正形成一股入侵潮。由於他們在共產主義中國已經無法工作，但在台灣他們享有最高當局的保護，甚至獨裁者蔣介石也參加了衛理公會的禮拜。在特殊的場合，他甚至自己會講道長達三個小時！無論這是否表明他的虔誠，或者他只是喜歡聽自己說話——這種特質在獨裁者中並不罕見——我們在此不討論。無論如何，衛理公會忠於政權，信徒主要是中國大陸人。最近他們的圈子裡出現了對同性伴侶婚姻的強烈抵制，幸好沒成功。如果你想知道我的意見，很簡單：沒有衛理公會，台灣會更好。

二十世紀長老會扮演了一個完全不同的角色。他們主要是在本地人和原住民中傳教，從六〇年代開始與政權發生直接衝突。最初是因為國民黨為了支持漢語而壓制台灣人使用的所有語言。長老會傳教士為台語和各種本土方言開發了特殊的轉寫系統，他們用這些系統印刷了讚美詩和聖經。蔣介石命令沒收異端聖經，足以說明他的虔誠。隨著時間的推移，長老會越來越明確地站在獨立運動這一邊，一些本土代表因此入獄多年。

總的來說，基督教傳教士的成就仍然不大。台灣的基督徒比例曾經有一段時期是六到八%，但自佛教和道教民間團體興起以來，這一比例再次下降。由此可見台灣人自己的傳統似乎更能滿足人們的精神需求。最大的例外是原住民，其中八十%以上仍然信奉各種不同的基督教教派。原因很多。

台灣原住民先是被漢人移民排擠，然後又被日本殖民統治者剝削和壓迫（下一章再詳細討論）。一九四五年後，許多原住民希望台灣能夠成為戰勝國美國的保護領土。儘管願望沒有實現，但美國傳教士所提倡的宗教在原住民眼中享有盛譽。此外，由於政府採取高壓措施，意圖教育每個人都成為中國人，皈依基督教提供了一個維護不同於主流社會的認同機會。民族學和宗教社會學研究表明，天主教傳教士善於允許傳統儀式在他們的教區實踐，同時又賦予它們新的意義。乍看之下這可能會令人驚訝，但就是透過接受外國宗教才讓這些族群保持自己的不同和獨特性，這並不矛盾。

第十章　霧社與紅葉：原住民之島

我們現在得離開台北一下，你不覺得嗎？如果只留在首都，就會對台灣產生錯誤的印象。過去台灣分為中國大陸人主導、政治上傾向國民黨的北部和支持民進黨的台灣南部。雖然對比不再那麼明顯，但在台南或高雄等城市，台語的使用頻率仍然比台北高得多，相對應的華語的使用頻率則低於台北。此外大多數台灣原住民居住在花蓮和台東附近的東部海岸地區，這帶來了其他語言、政治和飲食方面的特色。儘管台灣不比巴登─符騰堡大多少，但其多樣的歷史、地形和三個氣候帶確保了驚人的文化多樣性。

台灣人非常愛旅遊，二〇二〇新冠年他們只能在國內滿足旅行的慾望。

對很多人來說幾乎是必去的短期旅行如日本或韓國，因為病毒不得不取消，而去歐洲或美國的長途旅行更是不用想。相反的當然也沒有外國遊客來台灣，原因是簽證不核發。我慶幸我結婚了，由於有特別許可我可以留在這個國家。我雖然在台灣生活多年，但在簽證上，我只是個旅客，每三個月就得出境一次，以更新我的居留權。大多數時候，我和太太會去鄰近國家短期旅行——今年這些都不可能，所以我們留在台灣。

我們的這種旅行在台灣常被稱為「環島」，環繞台灣一圈，即使在我們的例子中，這條路線包括深入山林，譬如霧社，也就是棒球篇中提到的一九三〇年大屠殺的發生地。從那裡翻過三二七五公尺高的合歡山，穿過台灣最著名的風景名勝太魯閣，到達同樣景色壯觀的東海岸。這是一條被熱帶植被覆蓋的狹長地帶，位於太平洋和高聳的中央山脈之間。然後環島旅程才會順時針方向行進，繞到有名的綠島，那是台灣獨裁統治期間關押政治犯的地方。最後一站是台南，這個從前南部的首府，曾經被荷蘭人佔領，直到一六六二年脾氣暴躁的將軍鄭成功征服荷蘭人，而塑造了台灣的命運至今。我們將租車、乘坐渡輪和火車，在充滿歷史和美麗風景的地方旅行八天——或以書的形式來計算就是兩章。

因為我不喜歡總是只用「我太太」來稱呼，也許這是一個介紹她名字的好機會，儘管有點遲。她叫若喬，顧名思義，她猶若一位東方古典美人。對未經訓練的德國人，中文發音非常困難，第一字第四聲下降音，第二個字第二聲上揚音，這顯然變得更加困難。無論如何，我的家人已經非常努力地嘗試了很長時間，但通常聽起來像是一聲驚呼（哇！），然後是一個強烈的噴嚏。反之在她家，我通常成了英國人的「史蒂文」。

英勇的官員被斬頭

第一段旅程從台北車站開始，我們在那裡取車。從那裡開始，首先是沿著風景看似平淡無奇的西海岸向南行駛一段，這讓我有機會介紹本章的主題：台灣原住民。在政治開放的過程中，儘管他們只佔總人口的二%多一點，但他們已成為明顯的少數。以前常見的名稱，如蕃人或山地人，已不再被接受。國家大力推廣原住民文化，原住民在棒球和流行音樂界有許多明星，而且在東亞享有盛譽，例如歌手阿妹。然而這並沒有改變絕大多數原住民仍然是島上最貧困居民的事實。除此之外，語言的淨化並不表示舊有的偏見真的已經消失了。

原住民的地理起源在民族學家中存在爭議。語言上的相似性表明他們屬於南島人，他們起源於中國南部和越南，定居的地區從菲律賓延伸到印尼，從澳大利亞東北部的島嶼延伸到馬達加斯加。移民到台灣可能有不同的階段，而且大約在四千年前結束。在十七世紀中國移民到來之前，原住民主要是獨自生活。因為只有從那時起才有關於他們的紀錄，所以他們的歷史直到最近，他們才開始自己書寫。這也涉及到原住民分為不同部落的問題；目前官方認可的有十六個，但這個數字將來可能會增加。最後一次修改是在二〇一四年。

清朝時期（一六四四～一九一一年），漢人定居點集中在台灣北部和西部的低地。在那裡生活的原住民部落逐漸被中國人同化，如今已不存在。一個在台灣經常聽到的論點是，平地原住民被外來者趕到山上，現在已經被研究推翻。很大一部分的原住民原本就居住在高山上，幾乎沒有受到中國人的影響，因為雖然台灣從一六八三年起正式屬於大清帝國——作為沿海省份福建省的一個縣——實際上的統治權止於雄偉的中央山脈。

我們沿著三號公路往南開了一個半小時，現在我們在台中向東轉，直奔山區。沿途長著香蕉樹、竹子和檳榔樹（樹幹較細，可以與椰子樹區分）。數百年來，中央山脈擁有兩百多座高於三千公尺的山峰，可說是真正的邊疆——不可逾越、荒涼而且危險。無論誰統治了台灣，他們的法律都不再適用於此地區，山上的少數定居者生活在獵頭者在他們村莊出沒的不斷恐懼中。

那時代有一個著名的故事，但不能完全確定所有的細節。那就是清朝通事吳鳳的故事。在十八世紀他被派往阿里山地區，因為原住民鄒族人經常伏擊並斬首在那裡定居的漢人。吳鳳會說鄒族語，本應擔任調解人的角色，於是他用威脅利誘的方式試圖阻止原住民進一步襲擊。一七六九年他自己被鄒族所殺，相傳是這樣的：吳鳳贏得了當地人的尊重，但無法阻止他們從事狩獵人頭的活動，獵頭是他們生活方式的一部分。意識到這一點，他最後一次騎馬進山，他告訴部落首領，第二天會有一個穿紅衣服的人穿過他們的領土，首領們很高興，因為吳鳳允許甚至鼓勵他們伏擊並砍下那人的頭。

那些人聽了話立刻採取行動。第二天，他們就藏身在吳鳳指定的地點附近，果然，沒多久，一個一身紅衣的騎兵出現了。他的臉上還蒙著一塊紅布。鄒族武士殺了他，砍下他的頭作為戰利品帶到他們的村莊。然而當他們掀開紅布後，卻驚駭地發現，殺的不是別人，正是受尊敬的吳鳳。他們悔恨不已，當即發誓不再獵殺人頭。多虧了吳鳳的無私犧牲，讓島上的漢人性命安全了一些。

正如前述，這事件的真實性十分可疑。然而日本殖民統治者認識到了這個傳說的價值，並將其寫在書本上並拍成電影，強化自己文明使命的正當性，讓他們的統治不應止步於中央山脈這自然邊界。與清朝的中國人不同，日本人想要統治整個台灣。

「您為什麼要步行？」

這種慾望的背後是切實的資本主義利益。中央山脈擁有豐富的樟木和一種在日語中稱為檜木（hinoki）的特殊扁柏。過去它被用於建造寺廟和神社，例如東京著名的明治神宮就是用台灣檜木建造的。現在台灣已經禁止砍伐，只允許用剩餘庫存製作高級家具等。我台北的書桌上就放著一個小塊剩餘的檜木做成的杯墊，熱茶杯放在上面溫熱它時，會散發出美妙的柑橘香味。我的夢想是有一天在檜木製的書桌前工作，因為經濟因素，這夢想很可能無法實現。

日本政府當時認為樟木非常重要，因此壟斷了樟木。從樹上提煉的油，也用來製作好萊塢賽璐珞電影膠卷*。但樟木生長在人跡罕至的山區，原住民認為那是他們的狩獵場。這終究導致了血腥的衝突。保羅・巴克萊（Paul D. Barclay）在他的《帝國棄民》（*Outcasts of Empire*）一書中談到了確確實實的樟腦戰爭，一直到一九〇三年戰爭犧牲了近兩千名日本人和數量不詳的原住民。到一九二九年，又有四千名日本人戰死，一年後發生了霧社大屠殺，這我稍後再說。

殖民統治者不只是與所謂的「蕃人」作戰，還開始了現代人種學研究。根據清朝時期的二分法，分為「生番」和「熟番」。後者居住在台灣北部和西部的平原，被認為是半文明的，因為他們與中國移民進行商品交易，有時甚至納稅。另一方面，前者住在樟樹生長的地方，並沒有表現出承認國家權威的傾向。日本人得出結論，與他們達成法律協議是不可能的。「從國際法的角度來看，他們就像野獸一樣。」一位高級殖民官員寫道。這樣的評估產生了後果。如果漢人地主的土地被用於殖民地開發項目，他們可以獲得補償，但是在日本人眼中中央山脈的森林沒有主人，因此殖民政府寧願付出血腥代價。

根據上述二分法，日本民族學家透過有系統的實地調查，將原住民區分成九個部落，正如我們所見，現在這區分已經擴大，但對原住民的理解仍影響至今。例如，我和若喬那天駕車經過的泰雅族部落區，泰雅族的名

---

* 編註：賽璐珞（德語：Zelluloid）是硝酸纖維素塑膠（cellulose nitrate plastics）的俗稱及商標名，後者是硝酸纖維素中加入約20%的樟腦作為增塑劑得到的可塑性材料，屬一種合成樹脂；通常再加入染料和其他物質製成的化合物產品就稱為賽璐珞。

稱來自日本研究人員，儘管民族學家珍妮・蒙哥馬利・麥嘉文（Janet B. Montgomery-McGovern）在一九一六年至一九一八年注意到部落成員各自有自己的名稱。正如她的遊記《福爾摩沙的獵頭原住民》（*Among the Head-hunters of Formosa*）的標題所暗示的那樣，她對獵人頭的做法也有一種病態的著迷。在殖民前的時期，獵人頭似乎普遍發生在幾乎所有的台灣原住民中。男武士就是以這樣的方式表現自己的勇猛。根據蒙哥馬利・麥嘉文的說法，如果一個男人未曾取下敵人的頭顱，不算是真正的男人，並且不能結婚。她寫道她訪問過的一個部落的婦女製作了兩種尺寸的袋子。大的用來裝小米，小的是男人打獵時用的，剛好容得下一個人的腦袋。

然而今天的民族學家懷疑獵人頭是否真的像當時資料中描述的那樣普遍。對於某些族來說，這似乎具有宗教意義，並用來解決領土爭端，類似競賽：誰先奪得人頭，誰就證明自己是對的（也就是說得到更高權力的青睞），同時也贏得土地。

無論這習俗的目的為何，在殖民統治者眼中都是野蠻的，因此被禁止了。一些部落自願放棄這個習俗，但這時期的照片顯示，即使到第一次世界大戰開始時，這種習俗並未完全消失，儘管日本人此時在很大程度上已經控制了台灣中部。大規模的樟木砍伐，通常是在奴役原住民的情況下進行。雖然密集的派出所和邊防哨所遍佈山區，但血腥衝突和小規模起義仍不斷發生。直到抵抗運動最終被壓制，許多年輕的原住民不再是在自己的原始森林中對抗日本人，而是在太平洋戰爭中為日本而戰，中央山脈才失去了作為文明邊界的特徵。

順帶一提，蒙哥馬利・麥嘉文這本就當時的社會而言出人意料地沒有偏見的書，至今仍然是一本好書。特別有趣的是作者與拘謹的殖民地官員的相遇，在他們眼中，一個想要步行穿越可怕蕃人領地的女人簡直是瘋了。

「您為什麼要步行？」其中一個官員驚愕地問道。「日本女士從不步行，只有做苦力的女人才步行。」這位勇敢的民族學家對他解釋說，顯然她不是日本人，而且不確定自己是不是一位女士。

「碧血英風」

當我們到達今天的第一個目的地霧社時，若喬的手機響了。我們登記結婚才幾天，戶政事務所要問清楚幾個問題，排除不法外國人企圖利用權宜婚姻取得中華民國公民身份的可能性。當我尋找停車位時，我太太耐心地解釋說，據她所知，我沒有計劃用我的歐盟護照換取可以讓人在歐洲機場得到最佳體驗的綠色證件。她自己有一個私人的機場排行榜，根據她入境各國遇到的麻煩進行排序。並列第一而且最友善的是維也納和漢堡，那裡的海關根本不想知道她入境的目的是什麼，其次是倫敦希斯羅機場，那裡的海關人員通常會問問題，但帶著英國人的禮貌。阿姆斯特丹也不錯。

在里斯本，我們曾經花了十分鐘解釋中華民國和中華人民共和國的區別，奇怪的是這是在我們離境的時候發生的。排行榜最低的是柏林舍訥費爾德機場，但是現在我最好不要提。

若喬以感謝結束了通話。這是這個國家的偉大之處，與公家機關的接觸幾乎都是愉快的。以前我在大學工作的時候，每年五月都得報台灣所得稅。稅務局的一名助手幫我填寫表格，半小時後我就拿到完成的證明，所有人都非常友好，讓我差點不想離開了。如果有一天我當上了柏林的市長，我會派所有的市府官員到台灣進行一個月的培訓，並指示如下：在那裡聽不懂沒關係——只要注意語氣！

舍訥費爾德的海關官員必須待上兩個月，而且每天晚上吃臭豆腐。

我們現在到了霧社，一九三〇年最後一次同時也是最著名的大規模獵頭事件發生在這裡。以美化過的名稱「霧社事件」載入史冊。

事件的中心人物是一個名叫莫那魯道的原住民。當時他是泰雅族一個分支的頭目，但自二〇〇八年以來賽德克族被承認是一個獨立的族群，莫那魯道年輕時參加了一次日本的教育之旅。透過這種有組織的旅行，殖民統治者希望讓有影響力的「蕃人」相信日本文明的優越性。據我們所知，莫那魯道對他的所見所聞印象深刻，但他也注意到，日本人的生活比台灣原住民好很多。賽德克人在砍伐樟樹林時工資微薄而且工作艱辛，同時破壞了他們自己的生存環境。而且為了能更好的控制，日本人還強迫他們放棄狩獵遊牧生活方式，安家落戶。加上個人的屈辱加劇了不滿：莫那魯道的妹妹嫁給了一名日本警官——這也是一種故意使用的殖民控制手段——當他被調職到另一個地方時，他把妻子丟下了。正如蒙哥馬利．麥嘉文指出的，台灣原住民實行一夫一妻制，對婚姻忠誠的觀念非常強烈。

最後在莫那魯道兒子的婚禮上，一名日本警察拒絕與他們共飲一個容器中的酒；那是一種傳統的儀式，可以強化跨部落的社會聯繫。這似乎就是那根壓死駱駝的稻草。莫那魯道和其他頭目一起，開始策劃對日本殖民社會的恐怖襲擊。一九三〇年十月二十七日時機到了。大約三百名賽德克族戰士突襲了當地的小學運動會，屠殺了男女老少。一百三十四名受害者中的大多數被斬首。其中有兩人是穿著和服慶祝的當地人。

這一殘忍、絕望的行為，幾乎導致了整個賽德克族人的滅絕。匆忙派往案發現場的第一批部隊仍然被擊退，但最終日本人不僅動員了一千多名士兵，而且還動員了一千四百名來自與賽德克族人敵對的其他部落的戰士。重砲、戰鬥機甚至毒氣都用上了，最後撤退到樹林中的一千兩百個賽德克族人中只有五百人活下來。賽德克族婦女為了不成為抗日游擊戰的累贅，把孩子扔進山溝裡然後跟著自己跳下去。所謂的第二次霧社事件發生在一九三一年四月，當時約有兩百名賽德克族人投降並被其他原住民就地斬首。當時的一張照片顯示，一名日本軍官驕傲地昂著頭擺姿勢，涉嫌的兇手聚集在他背後。

所有倖存的賽德克族人都被關押在一個川中島上。莫那魯道在山中自刎。為了紀念這可怕的事件，今天霧社立了一個奇怪的紀念碑。正如上面大致的描述，應該很清楚地說明霧社事件最終是對抗統治者的一種自殺式的自我防衛行動，為反對不允許賽德克人按照他們的傳統習俗生活。然而國民黨後來在霧社建造了我和若喬今天要參觀的紀念公園，將死去的賽德克族重新詮釋成為祖國捐軀的中國愛國者。莫那魯道的族人跟中國大陸的對日抗戰毫無關聯，因為那場戰爭在一九三〇年還沒開打！但是紀念公園的建造者似乎並不在乎這一點。

入口的大門上面寫著「碧血英風」的軍事口號。後面是一尊笨重的青銅雕塑，雕塑中三名賽德克族戰士和一名帶著孩子的婦女蹲伏著，彷彿他們正在灌木叢中等待伏擊敵人。一個握緊拳頭擺出典型的英雄姿勢，孩子正要扔石頭。這些年來，我在中國大陸和台灣參觀了無數的紀念建築，每次都被國共兩黨相同的審美觀所震撼，他們老是以轟轟烈烈且庸俗的方式重現其歷史。紀念事件的暴力性往往在對歷史盲目的單一解讀中一再重現，因為它們必須服從上級規定的單一解釋。這些解讀通常是有問題的，有時——就像這裡——簡直是荒誕不經。

公園的後面是莫那魯道的墳墓。鮮花、硬幣和酒瓶表明他繼續在這裡受到崇敬，儘管是在一塊說明他是中國烈士的紀念碑前。如果他地下有知會怎麼說呢？

我們在離霧社不遠，一個外號叫「小歐洲」的地方過夜。這要歸功於眾多飯店，這些飯店在海拔一千八百公尺的地方引用了豐富多樣的歐洲建築風格：一座英國鄉村城堡、一座荷蘭風車以及夾在中間我們住的這一間，由堅固的德國半木結構建造，走廊裝飾著鹿角，房間裡一個沉重的鄉村櫥櫃。飯店是若喬訂的，她笑著保證說，這是「為了解你的思鄉之情」而訂的。然而這家餐廳不供應德國豬腳——台灣人認為我們每星期至少吃一次。取而代之的晚餐是白族的精緻美食。白族不是台灣原住民，而是來自中國最西南的少數民族。二十五年前，當那個地區還沒有開發旅遊業時，我曾背著背包穿越了與緬甸接壤的夢幻高原。那地區位於雲南省。

白族菜餚傳入台灣山區，而且在當地有很多餐廳，這也與戰爭有關。一九四二年當中國軍隊被日本人不斷往西逼退時，只能透過美國設立的一條從印度飛越喜馬拉雅山的空中橋樑來獲取武器。飛行員將這條路線稱為「通往地獄的天橋」，因為這路線非常危險，三年半內有近六百架飛機墜毀。出於這個原因，美國將軍史迪威堅持建設一條穿過緬甸叢林直達中國昆明市的陸路補給線。日本試圖阻止修建這條公路，導致了整個戰爭中一些最激烈的戰鬥。之前提過的，作家吳明益的小說《單車失竊記》就講述了這段歷史，包括戰爭結束後中國軍隊撤退，穿越雲南的艱難歸途。

在那裡許多老兵接觸到了白族的麻辣菜餚。有些人停留足夠長的時間，娶了當地婦女為妻。他們在抗日戰爭中獲勝，但在隨後的抗共戰爭中失敗，後來在中央山脈的高山上落地生根，這可能與這裡的景色有關，吃飯的時候這裡景色讓我想起了當年在雲南的旅行。有一次，一群學童跟在我身後，他們可能是第一次見到外國人，問了我一大堆問題。「你從哪裡來的？你來這裡做什麼？你多高？」他們跟了我一個小時。當我想知道他們以前有沒有聽過德國時，瞬間陷入了沉默。然後一個男孩舉起手喊道：「我知道德國！法西斯主義就是從那裡來的！」

「一場大規模的獵人頭」

第二天早上下起了傾盆大雨。半夜我已經聽到打雷聲，而且當我走上陽台時什麼風景也看不到，一切籠罩在濃霧之中。期待已久的越過合歡山變成驚險萬分的旅程。這條路很窄，兩輛車幾乎是勉強擦身而過，而且彎道很急，我不得不從側窗往外張望，看對面有沒有來車。很多路段能見度只有幾公尺。到了山口的頂峰，風勢和冰雹非常猛烈，以至於我在休息站甚至沒有辦法下車去洗手間。直到另一邊，下山到兩千公尺海拔的地方才逐漸好轉。在崎嶇的山壁之間，到處可見雲海。下午快到太魯閣峽頂的天祥時，太陽終於露臉了，於是我們在這裡稍做休息。這個地方是一個受歡迎的風景區，有許多小餐館。我上次來是在二十多年前。

太魯閣是一條十九公里長的峽谷，是立霧溪穿岩而過侵蝕形成的。數百公尺高的懸崖峭壁投下的陰影映襯在碧水上。可惜的是，在我們繼續旅程時，沿路幾乎沒有地方可以讓我們停車欣賞這壯麗的景象。只有一次是路邊停車位，幾隻猴子棲息在欄杆上，皺著眉頭看著忙著給牠們拍照的遊客。彷彿在說：好奇怪的一種動物！

出乎預期，風景突然開闊，太平洋出現在我們面前。今天我們開了大約一百二十公里，但是花了五個小時，克服了上下坡將近六千公尺的高度。現在我感到肩膀痠痛，很想喝一杯冰涼的啤酒。

我們今天在很棒的花蓮迴音谷民宿過夜。我們來過好幾次，受到像老朋友一樣的歡迎。民宿位在鬱鬱蔥蔥的山腳下，鳥鳴和蟲鳴聲彷彿在叢林最深處。我躺在浴缸裡喝著啤酒，讀著珍妮・蒙哥馬利・麥嘉文的遊記（如果這個名字不是那麼拗口，我會更頻繁地提到她），她在一百年前遊歷過同一地區。她乘船來到東海岸，海上波濤洶湧，以致船隻無法靠岸。令日本船長驚恐的是，她毫不猶豫跳上了從岸邊由兩個原住民划來的獨木舟。當船幾乎快要下沉時，她讓其中一個背著走完了最後的幾公尺。不是很淑女，但她到達了她的目的地。

這本書的最後一章，作者思考了一個問題：是否可以想像有一個文明，它的藝術和文化達到了歐洲的高度，而道德標準與台灣原住民相當。這樣的文明會是什麼樣子？因為蒙哥馬利・麥嘉文夫人對原住民印象深刻，但並沒有將台灣原住民浪漫化為高貴的野蠻人。她既沒有因為某些習俗而將原住民視為野蠻，也不相信歐洲文明的優越性。第一次世界大戰剛結束時她寫道：「一場文明國家之間的戰爭和一場大規模的獵人頭沒有不同。」

用棍子和石頭

我們的下一個目的地是紅葉，一個離台東市不遠的小村，很少有台灣觀光客會把它列入行程，我之前在有關棒球的篇章已經提過這個地方。你還記得那些赤著腳擊敗來自和歌山號稱世界冠軍日本隊的小學生嗎？國民黨在政治上利用了他們所激發出的熱潮。這支一九六八年的隊伍成為台灣經濟奇蹟的象徵：來自貧窮鄉村的男孩，靠意志力、勤奮和犧牲登上頂峰。畢竟，打敗世界冠軍的人，最終自己也算是世界冠軍。紅葉有個小型棒球博物館，我和若喬想去看看。我們就稱之為朝聖吧。

想要享受台灣東海岸需要很多時間。東部沒有像西部那樣的高速公路，所以我們沿著一條限速七十公里的道路行駛，由於上次我被照相罰款，這次我遵守速限。首先我們走所謂的山路，穿過兩座壯麗的山脈，山頂消失在雲霧中。不受限速約束的司機從我左右超車。如果車道中間是一條實線，路肩甚至成為優先超車的車道。我不知道道路交通法規對此有何規定，反正這似乎是很普遍的行為。若喬上一次開車是她考駕照那一天，當我問她時，她也認為右邊超車比較安全，因為沒有對向車輛。

沿路是油綠的稻田和椰樹。兩個小時後，我們開上平行的海線，以這種速度和很少的交通流量邊開車邊欣賞太平洋並不危險。我記得之前的一次環島，載著中國遊客的長途巴士接連不斷，但由於蔡英文總統不承認九二共識，北京在新冠之前很久就已經禁止前往台灣的私人旅行。因為這項懲罰，我們今天暢行無阻。

我們在下午快傍晚的時候到達紅葉，它位在中央山脈的邊緣，這裡住著布農族的原住民，包括一九六八年的英雄。獻給他們的博物館位於當地小學的校舍內。在入口處，三個塑料人型展現紅葉神話的關鍵時刻：戰勝日本這如巨人歌利亞般的強大對手。引人注目的是，人物的身材幾乎不像小學生，更像成年人，投手和捕手身穿紅葉字樣的紅色球衣，但對方打擊手的胸口卻不是寫著和歌山，而是寫著日本。博物館的創建者關心的不僅僅是五十年前兩支學生隊伍的比賽。在這裡，曾經的戰爭敵人和殖民統治者必須也代表性地被擊敗。

裡面的展覽包括兩個房間，展示獎杯、照片、剪報之類的展品。儘管一些展品表明後來對事件有各種誇大，但有些事是真的：球員們非常窮。他們用自己做的球棒和破爛的球進行訓練，那些球的皮革脫落。如果到了球根本無法再使用的時候，就使用圓石代替。貧窮是紅葉神話的重要組成部分，而且差點阻擾了它的誕生。一九六六年球隊獲得了在台北舉行的全國學生錦標賽的參賽資格，但學校無力開車送男孩們去那裡並提供一個星期的食宿。校長痛心地宣布放棄參賽。當時在首都發行受歡迎的《王子雜誌》的前政治犯蔡焜霖先生得知此事後，毫不猶豫地出面贊助。他用公司的小巴接他們，自費將他們安置在台北的廉價旅館。投資得到回報，紅葉奪冠，《王子》對此做了詳盡的報導，這又提高了雜誌的銷售量。兩年後，這支球隊戰勝了和歌山，成為不朽的傳奇。

博物館紀錄了球員們凱旋之後在全國的巡迴活動。一張照片是球隊與蔣介石的兒子蔣經國的合照。如果有人想知道突然成名如何影響這些青少年球員後來的人生，二〇一五年的一篇報紙文章提供了明確的線索：「紅葉詛咒？」標題是暗示性的提問。事實上這支十二人隊伍中，有一半的人在四十歲前後甚至更早過世。其他人除了一個例外，後來從事計程車司機、建築清潔工或其他低薪工作。畢竟這份與神話完全相悖的報導文件也陳列在這裡。

後來的少棒隊的許多成員也面臨著類似的問題。根據二〇〇四年的一項調查，只有不到一半的人擁有固定工作。三分之二的人認為早年成名阻礙了他們成年後的職業發展，大約三分之一的人希望他們從未打過少棒錦標賽。想想看，一些為了在賓州威廉波特捍衛中華民國榮譽的球隊，每天訓練長達九個小時，很明顯他們沒有時間接受正規學校教育。

參觀了發人深省的博物館之後，我們步行穿過這個部落。和我們途中經過的所有村莊幾乎一樣，這裡也有一座小教堂。我已經說過，一九四五年以後，台灣八十%以上的原住民改信了基督教。儘管大多數人屬於親獨立運動的長老會，但現在大多數人投票支持國民黨，國民黨在花蓮和台東縣擁有最後兩座堡壘。很多原住民的歷史我很難理解，但歸根結底，這些人的生活狀況對我來說太陌生了。霧社事件半個世代之後，年輕的賽德克族人身著日軍軍裝參加太平洋戰爭。我無法評價這是出於強迫、對冒險的渴望還是絕望，以及他們對自己繼承的驕傲、憤怒或羞恥在多大程度上起了作用。除此之外，二〇〇八年賽德克被承認為獨立的一個族，這一事實在他們之間也引起了爭議，因為在他們的語言中，「賽德克」一詞僅表示「人」。以這樣的名稱被認可為少數民族，確實有點奇怪。

歷史的傷口有時是無法療癒的，荊子馨（Leo T.S. Ching）在他關於殖民時代台灣成為日本人（Becoming Japanese）的研究，舉了一個令人心碎的例子：一九七九年七名台灣原住民前往東京的靖國神社，那是日本祭奠戰爭死難者的地方。眾所周知，日本政客訪問此地經常會導致與中華人民共和國的外交關係緊張，因為死者中還包括被定罪的戰犯。這些來自台灣的遊客存了很多年的錢才能夠來參拜，他們是在太平洋戰爭中作為日本士兵陣亡的年輕原住民的親屬。他們的目的：神社釋放陣亡者的靈魂，讓親人可以把他們帶回家，用他們自己的方式紀念他們，並在戰爭結束三十多年後找到心靈的平靜。然而與神社的專員交談後發現，他們並沒有從神社中釋放靈魂的儀式。來訪者一遍又一遍地重複他們的要求，專員堅稱自己無能為力。原住民帶著抗議和淚水乞求對方，日方無法理解如何實現他們的要求。他們的痛苦得不到安慰。最後他們沒能帶著兒子和丈夫的靈魂回家。

第十一章　綠島與台南：反抗之島

我們在台東火車站還車，搭計程車到碼頭。霧濛濛的天氣中，綠島隱約出現在地平線上，綠島的名字幾十年來一直是政治牢房的象徵。在白色恐怖時期數千名政治異議人士被監禁在距離台灣東海岸三十公里的這座島上。通常是未經證實的指控，當然也沒有經過公正的審判。綠島現在是一個很受歡迎的旅遊勝地，以珊瑚礁、豐富的浮潛場所、東海岸崎嶇的峭壁以及起伏搖晃的航程而聞名，很多人會暈船。這讓我想起多年前一次從神戶到上海的航行，海面波濤洶湧，幾乎沒有乘客不嘔吐，船員們像餵鴨子一樣分發暈船藥。

幸運的是今天太平洋風平浪靜。由於我們是週二出遊，而且清明節的假期要到下週末才開始，所以船上沒什麼乘客。當然所有乘客都戴著口罩。航行期間有一次廣播說可以在船的右側看到海豚，但我沒有看到。經過短短五十分鐘之後，我們就在綠島的碼頭下船了。

我們現在身處在一個熱帶島嶼上，你有理由期待我用絢麗的色彩描繪這裡的美景。我也想這樣做，但不幸的是，除了幾座綠色的山丘之外，幾乎沒有什麼可看的：一個不起眼的海港和一條水泥堆砌的海濱路，兩旁是灰色的房子。幸好從我們旅館房間的床上可以看到遼闊的大海，我立刻把照片傳給我的家人。不過稍後我們去散步的時候，我沒有發現什麼值得拍的東西。

我愛台灣，真的愛，但建築的醜陋有時令人絕望。炎熱潮濕的氣候讓建築立面迅速呈現出灰色，這只是部分解釋，我的推論是缺乏對外觀的興趣。若喬告誡我要往好的方面看，在外面轉了一會兒，我發現了：港口邊的免稅店賣的是葛瑪蘭（Kavalan）威士忌——這個名字讓我想起昔日在宜蘭平原定居的原住民——還有紅色的、用雪莉酒桶儲存的威士忌，我不想在這裡做廣告，但它的強度（五八．六％）足以讓我和世界上任何地方和解。

對那天剩下的時間我只有模糊的記憶。

白色恐怖行動

第二天早上我們租了自行車。天空多雲，這對我們來說再好不過，因為在熱帶陽光下環綠島騎十八公里不是個好主意。除了我們，沒有人騎自行車，其他人都更喜歡騎機車，這可能更適合身上穿潛水衣的人。沿路每兩家就有一家提供水下活動的設備和課程，但我們想探索陸地，而不是海洋，尤其是以前是監獄的紀念館。

在途中，我們先經過一座仍在營運的監獄。顯然不管是不是旅遊業，綠島都不想打破日本人建立的監獄制度傳統。時不時就有人拿自己的名聲做調侃：我們路過的一家叫「冰獄」的冰店，將遊客安置在大小不同的鐵窗牢房裡……這是品味的問題，我想。

這座於二〇〇二年落成的紀念館，被正式稱為國家人權博物館。在處理白色恐怖的過去和啟發民眾方面，博物館發揮核心作用。人權博物館位於海邊，分為兩個區域，分別是是一九五一年建立的「新生訓導處」，和另一個一九七二年啟用的感訓監獄，名字荒謬的「綠洲山莊」，這聽起來好像當時就有個旅遊經理在負責。

我們把自行車停在門口，先去參觀稍微遠一點的新生訓導處。在當局眼中，一九五〇年代以後來到這裡的人都犯了兩種嚴重罪行之一：要不就是共產黨人（只有在頭三年一個專門的部門有女囚犯），要不就是支持台灣獨立。兩種罪名，對那些未被立即處決的人，懲罰都是精神再教育和艱苦的體力勞動。包括砍伐島上山丘上的樹木，在海灘上鑿出岩石碎片，用來擴建最初由臨時營房組成的營區。

換句話說，囚犯必須為自己建造監獄。

早期的囚犯中，包括前一章提到的紅葉棒球隊的贊助人蔡焜霖。他在台中一中讀書時，他的老師邀請他參加每週三下午下課後舉行的讀書會，學生們輪流介紹他們讀過的書。蔡在他的自傳《我們只能歌唱》中說，他講湯馬斯・卡萊爾（Thomas Carlyle）的一篇文章給老師留下了深刻的印象。幾週後，他不得不停止參加讀書會，因為通學大大增加了他每天上下學的時間。

兩年後，他突然被捕。在派出所，蔡被毒打，並被指控為企圖推翻政府的非法組織成員——他萬萬沒想到，這可能指的是讀書會。幾天後，這個在安全環境中長大，現在被嚇壞的二十歲年輕人得到保證，他只需在一封信上簽字就可以立即回家，他當然簽了。就這樣他被判處十年的最低刑期。

他沒有被釋放，而是被轉移到台北的監獄。在那裡所有囚犯都被分成幾組，並隨機分配到被揭發的陰謀案件的一件中。蔡焜霖被分到在台北電信局大樓非法聚會的共產主義小組。由於他在被捕前從未去過台北，所以除非有人幫他，他根本找不到他涉嫌非法活動的地點，但這點沒人在意——他已經簽字招認了。一九五一年他來到綠島。什麼是共產主義，毛澤東的思想是什麼，他是在每天的例會中才知道的，這些例會旨在消滅他的共產主義信念。但是蔡焜霖認為毛是個有趣的人物。

以前的營區今天只剩遺跡或局部重建。這裡有兩個門，名稱聽起來很諷刺，但卻反映了當權者的嚴肅信念。囚犯從「新生門」進來再出去，表示他們在意識形態錯誤之後，接受幫助後將開啟新的人生。從「革命門」進去再出來，表明他們經過成功的再教育，準備好支持中國國民黨對抗共產黨的革命戰鬥。刑滿後仍被視為未改造的人被轉移到高雄西南部的小琉球，進行更多的苦役。許多被釋放的人也無法逃脫系統，因為他們已經被汙名化，他們繼續受到監視。

蔡焜霖是幸運的，在一九六〇年獲釋後，他找到了不在乎他的過去而雇用他的雇主。在後來的幾年裡，他積極從事政治活動，促使白色恐怖的罪行不被遺忘，而是得到了處理。他自傳中有一張照片顯示他在二〇一四年在太陽花運動期間，對佔領立法院的學生發表演講。我注意到他的名字是因為最近英國衛報的一篇報導：關於建立政治文學在線閱讀小組，開放給來自中國和香港有興趣的人。任何想要參加的人都可以使用加密軟體匿名註冊。蔡焜霖希望確保參加他閱讀小組的人不會遭到迫害。

不像再教育營，參觀監獄的人可以一窺這座從前的監獄戒嚴解除前的形式。我一走進去，就感覺到壓抑。可以聽到高牆後海浪聲但是看不見海，院子另一邊的視野被陡峭的岩石擋住。這地方充滿簡陋、飽經風霜的水泥建築，牆壁上滿是標語：「中華民國萬歲，三民主義萬歲！」「恪守紀律、守法守紀」等等。專制的儒家思想和軍國主義國家宣傳的混合，囚犯肯定得牢記在心。

主樓有兩層，平面圖呈十字形，因此構成四個側翼，每個側翼有兩層，即八個獨立的區域。牢房看似寬敞，但其實以前人滿為患，平均每個犯人只有〇・八平方公尺的空間。你沒看錯，不是印刷錯誤。零點八。囚犯輪流睡在地板上。對其他囚犯有不良影響的人被隔離在樓上；在當局眼中，這些人很可能是真正犯下了被指控的罪行的人，換句話說，就是共產黨人或倡導台獨的人。總的來說是少數，因為大多數囚犯都像蔡焜霖一樣，是殘酷專橫司法的受害者。

再舉一個例子，記者兼作家柏楊，他是白色恐怖時期最著名的政治犯之一，他在一九六九年至一九七七年間被關押在綠島。事實上，蔣介石死後他的刑期已經被減免，所以他應該在一九七五年被釋放，但政府——也就是蔣介石的兒子蔣經國——拒絕了，直到兩年後才屈服於國際壓力。柏楊犯了什麼罪？

六〇年代，他負責《中國時報》上的漫畫版面。一九六九年他發表了一篇由英文翻譯的大力水手漫畫。大力水手和他的兒子登陸一個荒島，他們決定競選總統。但大力水手的競選演說只能對他的兒子也是他唯一的競爭對手發表，因為島上也沒有其他人，這就是笑點所在。柏楊將英文單詞「fellows」翻譯成「全國軍民同胞們」，是蔣介石常用的一種稱呼。這下子他倒楣了，因為這位沒有幽默感的獨裁者看到自己和他的兒子被中傷。顯然這一幕讓他想起了二十年前他剛到台灣的時候，當時蔣介石和他兒子分享權力：父親掌管國家事務，蔣經國掌管安全機構，並且對抗打擊所謂的共產黨匪諜。

順便一提，柏楊是中國大陸人，他被捕了。在審訊中他被告知，如果不配合隨時可能被活活打死。因為逼供，他的一條腿被打斷了。在審判中，檢察官原本想要判處死刑，但最後還是判處他十二年徒刑，罪名當然是共產黨特工。最終柏楊在綠島上度過了整整八年。那些當時仍在為政權辯護、認為面對共產黨威脅必須進行鎮壓的國民黨人，真的相信以大力水手漫畫來定罪會使台灣更安全？我猜這只給獨裁者帶來短暫的滿足感。此外，我們必須區分來自中國大陸共產黨的真正威脅，和把任何形式的異議打壓成共產主義。把所有反對獨裁者絕對權利的異議者，或者看起來像是的人都說成共產黨，國民黨偏執的反共主義造成數萬名受害者，其中共產黨員所佔的比例微乎其微。

我們花了三個小時深入參觀各個建築物和展覽。當然，監獄的照片並不多，但是有很多其他照片和文件。評估囚犯政治意識「進步」的證書、偷偷繪製的圖、告別信。在牆外幾百公尺處有一個墓地，還有在岩石海灘附近的燕子洞：一個巨大的岩石下的洞穴，死者或被處決的囚犯在此被火化。至少柏楊逃過了這個厄運。獲釋後，他從事人權活動，例如他是國際特赦組織台灣分部的創始主席。二〇〇八年去世前不久，他要求將自己的骨灰撒在綠島海岸附近的海域。

海盜王

我們在綠島住了兩晚。自行車之旅是一項不錯的冒險，我們經過了一些迷人的海灣和海灘，讓我們忘記對綠島的第一印象，但回程的渡輪比來的時候讓人更不舒服。這次海面狂風大作，我們雖然吞了暈船藥，但還是有四十五分鐘噁心到只能大口喘氣。當船升起時，我繃緊了全身的肌肉，好讓自己在船衝向下一個谷底時，感覺不到胃部的運動。命名太平洋的人錯了。當船到達台東港口，腳下踏著穩固土地真是一種享受！我已經下定決心：不再去綠島。若喬的臉色仍然有些蒼白，她說這是最美好的蜜月旅行。

我們的最後一站是我們去過很多次，並且總是喜歡一去再去的地方。我們坐火車繞過中央山脈南端，接近台南。這座城市以其多樣化的美食和眾多的寺廟而聞名，是台灣最古老的城市聚居地，並且在大約兩百年的時間裡，一直以安平這個名字作為台灣的首都。我太太曾在成功大學唸書，對台南非常熟悉。

當我們在火車站下車時，天氣明顯變得溫和了。台灣南部的雨水比北部和東部少，但夏天來得早，持續時間長，而且與台北許多居民的刻板印象相反，夏天很少比台北熱。我很能理解荷蘭人於十七世紀在此定居的原因。他們留下兩座堡壘，我們想在第二天參觀這兩座碉堡：位於市中心的赤崁樓和位於今天安平區外的熱蘭遮城。它們的故事與將荷蘭人逐出台灣、至今仍在台南無處不在的一個人密切相關：鄭成功（一六二四～一六六二），他是海盜之子、學者和反抗者。父親是中國人，母親是日本人，命中註定他對台灣的歷史會產生深遠的影響。民間尊稱國姓爺，荷蘭文獻把他的名字拉丁化為Koxinga，這名字在西方廣為人知。在許多台灣寺廟中，他被尊為台灣的守護神。

他的父親名叫鄭芝龍，是一位有權勢的海盜頭子，年輕時與荷蘭東印度公司合作。荷蘭東印度公司試圖從台灣的據點控制中國沿海的海上貿易，讓鄭芝龍攻擊葡萄牙或西班牙國旗的船隻。然後鄭再用一部分的戰利品換取東印度公司提供的藏匿地。當時台灣就已經具有戰略價值，因為地處廈門和馬尼拉航運以及長崎和澳門之間航運路線的交匯點。年輕的鄭芝龍在澳門待了足夠長的時間學習葡萄牙語——他用來與荷蘭人交流的語言——並在日本也待得夠長生了一個兒子，他把兒子留在日本給母親照顧。作為海盜之首，鄭芝龍是個大忙人。據說他擁有一千多艘船，配備歐洲大砲，明朝孱弱的海軍根本無法與之對抗。

當時的文獻形容他是一位精明的戰略家。由於他裝備精良，似乎所向披靡，以至於最後京城的朝廷只好收買他。在朝廷的買通下，這位海盜升任為他的家鄉福建省的總督，變得更加富有。然而，骨子裡他仍然是一名海盜，因此很會見風轉舵。當明朝於一六四四年滅亡，朝廷先是撤退到南京，然後又撤到福州鄭芝龍的地盤時，這時發生決裂。來自遙遠北方的滿族新統治者也尋求他的效命，並支付更高的報酬。然而這不僅讓鄭芝龍與前東家對立，也與自己的兒子產生矛盾。

在我繼續這個故事之前，我相信你一定想知道我們在台南吃了什麼。台南是無可爭議的小吃之都，如果你跟台灣熟人說到台南玩，你必須能流利地背出菜單；不只是你吃了什麼，還有在哪裡吃的。這裡有許多只提供一道料理的小麵食店，這道料理與其他幾十種版本的同一道料理只有細微差別，但這些細微差別很重要，不要忘記這一點！就連我這個已經熟悉當地風俗的人，若喬還是反覆提醒，在談話中不要輕率地說出可能會被解讀為對當地美食有意見的言論。台南人對這個很在意，這會激發他們內心的國姓爺。

在我們非常迷人的住宿處，每天早餐會供應不同的當地特色菜。桌子上的一個小牌子解釋了它的來源還有特點是什麼。若喬的告誡也是基於某些考量，例如歐洲人可能認為內臟不是理想的早餐。第一天早上就是在這種情況下，那是著名的四神湯。幸好，我已經很習慣，而且非常享受。老闆偶爾會來到餐桌旁解釋牌子上的說明——因為沒有什麼比在一頓美食中談論美食更能添加樂趣——他的表情流露出讚賞：這個外國人很上道。

國姓爺與德國酒鬼

有四神加持後，我們開始我們的觀光計劃。在台南有一間廟、一間博物館和一間祠堂紀念鄭成功，與他有關的地方不勝枚舉。所以我們還有很多事情要做。

與他的海盜父親不同，鄭成功從小就開始了書生的生涯。七歲從日本移居到中國，由於他父親的財富使他能夠跟隨最好的老師學習，並且在前首都南京經歷了明朝的衰落，恰好三百五十年後我在這裡開始學習中文——沒有任何意義的偶然聯繫。他像明朝的隆武帝一樣，逃到福州，宣誓永遠效忠於他，並因此獲得封號以及招討大將軍的印章。這讓他非常自豪，而且成為新統治者清朝的死敵，清朝統治中國直到二十世紀初。

我必須稍微總結一下故事的其餘部分，否則我們將永遠無法講述發生在台灣的部分。由於兒子沒有加入新的統治者陣營，滿清也不信任父親，鄭芝龍被軟禁起來，母親落入滿清之手而自盡，隆武帝戰死沙場，鄭成功發誓報仇雪恨。他從儒生變成了叛逆者。他集結的軍隊很快就變得龐大，一六五九年他圍攻古老的皇城南京，企圖切斷從大運河到北京的補給，但沒有成功。失望但沒有氣餒，他撤退到海岸，決定先把荷蘭人趕出台灣，有朝一日從台灣推翻令人痛恨的滿清王朝。

他的將軍們感到震驚。他們認為台灣是瘟疫之地，到處都是發臭的沼澤，居住著獵頭者和食人者。一個神智正常的人只有在逃避飢餓或被追捕的情況才會到台灣。但鄭成功知道荷蘭人在台灣靠稻米和甘蔗賺了很多錢，他不是那種聽從任何人建議的人。他更喜歡不受控制地大發雷霆，常常伴隨著喘息。有時他真的發怒，有時他只是想展示他的權威，大家都懂的。

一六六一年春，他的艦隊橫渡台灣海峽。在大霧的保護下，駛入了一個如今不復存在的海灣。地質學家稱這過程為沖積沉積，這就是為什麼我和若喬在熱蘭遮城前下計程車時，可以推測地平線上的大海存在，但船已經不能在那裡拋錨了。

這座美麗的堡壘旁邊有一座共同供奉媽祖和鄭成功的廟宇，大殿中二人並肩而坐，兩側是媽祖親信千里眼和順風耳。鄭成功的艦隊在前往台灣的途中曾遭遇波濤洶湧的大海，傳說是——還有誰呢？堅持不懈的媽祖救了鄭成功和他的手下。因為中文比德語更能把名詞簡單的串在一起，所以這個地方現在被稱為安平開泰天后宮，開泰（開台）指的是鄭成功將荷蘭人趕出台灣。

結果證明這是一項極其艱鉅的任務。

鄭成功很快就攻克了現在位於市中心的赤崁樓要塞。結果所有住在逐漸形成的熱蘭遮城的歐洲人都逃到了同名的第二座堡壘——一個歐洲文藝復興時期形式的堡壘。與早期的建造方法相比，最重要的創新是在建築物的四個角落設置突出的稜堡，從這裡可以交叉射擊侵略者。這使得堡壘極耐圍攻。守軍只要有足夠的補給和彈藥，就算是數量上佔優勢的敵人，他們也能抵擋住。一六六一年春天他們必須這麼做，因為堡壘內只有九百名全副武裝的士兵，而圍攻者的人數卻有數萬人。然而守軍擁有一門綽號「瘋狂格雷特」（Dolle Griet）的青銅大砲，他們用這門砲向敵軍營地開火。很長一段時間，福爾摩沙——或者至少是台灣南部的一個小地方——似乎仍會一直掌握在荷蘭人手中。

關於一直持續到一六六二年一月的熱蘭遮城圍攻戰，歐陽泰（Tonio Andrade）在《決戰熱蘭遮》（*Lost Colony*）中精彩的描述。然而它的副標題「中國首次擊敗西方的關鍵戰役」（*The Untold Story of China's First Great Victory over the West*）是學術炒作的典型例子。鄭成功的故事此前並非無人知曉，也不代表全中國（他是明朝滅亡後擁有私人軍隊的軍閥），當然也不是打敗西方，而只是擊敗荷蘭東印度公司的一個前哨站。如果不是一個名叫漢斯．拉迪斯（Hans Radis）的德國酒鬼中士從中作梗，他甚至可能無法獲得這場勝利。

首先讓我們參觀一下這個地方。今天遊客能看到的當然已經不是當年原始的堡壘了。一八九五年當日本人來到台南時，城牆僅存幾段，其餘已成廢墟。殖民統治者建造了一座關稅局，後來又拆除再建造一座西式建築以供展覽。今天遊客可以看到的重建堡壘，見證了這段多事的歷史。展覽不僅紀錄了一六六一／六二年的圍攻，還提供了有關地質、東印度公司的貿易關係等資訊。你還可以在博物館商店購買鄭成功啤酒，他們聰明地以「一定要成功」來做宣傳——由於鄭成功的名字，所以也可以解釋成「一定要喝鄭成功啤酒」。

現在來談談漢斯．拉迪斯。他來自斯圖加特附近，在防衛隊中擔任的工作是最高級別之一。是什麼讓他在一六六一年十二月投奔敵人尚不清楚，可能是久困營房的怒氣和口渴。經過數月的圍攻，堡壘內酒水嚴格定量，飲食上只有米飯和乾鹿肉。幾乎所有被困的人都飽受無聊和壞血病之苦。除了士兵之外，文職官員、還有兩百名婦女和兒童以及五百多名奴隸都逃到了堡壘，總共有一千七百人居住在原本只能容納三分之一人數的住所。衛生設施不足，散發著可怕的臭味。漢斯·拉迪斯拿起他的步槍，告訴他的戰友他想去打海鳥。「祝你好運」他們低聲祝福他說。

然後他離開了。

對於他的背叛究竟有多重要，歷史學家有爭議。他沒有什麼祕密可以洩露給圍攻者，但拉迪斯擁有軍事戰術的知識，而且是一名工程師。接下來鄭成功似乎將注意力集中在建造一個前沿的要塞，透過密集的土木工程，這要塞的位置恰好是有點笨重的瘋狂格雷特無能為力的地方。守軍眼睜睜地看著進攻者佔據優勢地位。決定性的進攻發生在一六六二年一月二十五日，兩天後總督簽署了投降文件，並且相信是一個德國酒鬼結束了荷蘭對台灣的統治。僅僅統治三十八年的時間，對殖民地而言是短壽。行政區台灣落入中國統治之下，儘管最初只是一個叛亂政權。

鄭成功一控制台灣，就計劃下一個入侵，他想將西班牙人趕出菲律賓。萬萬沒想到，事與願違：他死了。在佔領熱蘭遮城半年後，他可能死於瘧疾或梅毒，或是他傳奇般的暴怒，原因不明。然而可以肯定的是，北京朝廷並沒有因為宿敵的死而放棄將這個迄今未被注意的島嶼納入自己的版圖。一六八三年，在鄭成功之前的一名將領帶領下，台灣被征服，並成為福建省的一部分。從此台灣屬於大清帝國。當其他國家在十九世紀對它虎視眈眈時——普魯士也曾考慮過殖民——清朝皇帝在一八八七年將它升級為中國的一個省，但王朝此時已經奄奄一息，八年後不得不將台灣割讓給日本。如果鄭成功沒有征服台灣，台灣會變成什麼樣子，只能根據推測來回答。也許荷蘭的殖民統治會持續到二十世紀，就像今天的印尼一樣。

日本在向南擴張的過程中還是有可能佔領台灣，但再沒有什麼理由在一九四五年後就將台灣歸還中國。也許台灣今天就……。

正如我所說，猜測。因為一個德國酒鬼，情況發生了改變。

PS：紐約的槍聲

關於我們參觀延平郡王祠、相關博物館和鄭成功祖廟的過程，我就不詳細描述了。後來若喬也受不了了，所以就簡單說明：在鄭成功祖廟裡陳列著一塊石頭，據說是從鄭成功出生的日本海岸來的。你可以自己決定可信度。無論如何，這塊石頭是供遊客觸摸的，可以獲得好運，或者是成功（沾光鄭成功之名）。在新冠病毒肆虐期間，不假思索的觸摸當然也會造成其他後果，所以寺廟的人張貼了一個告示，上面寫著「石頭已經徹底消毒」。

我們還是沒有碰石頭。

就是這樣。我們在住宿處享用最後一頓豐盛的早餐，然後計程車把我們載到火車站。這時候清明節的假期已經開始，移動的人增加，引發了人們對新一波Covid-19感染潮的擔憂。標誌警告人們保持社交距離，並要求乘客在整個火車旅程中戴上口罩。因此禁止在列車上飲食。我心想台灣在疫情期間如此嚴格，畢竟通常只有少數人不會帶一堆食物上車。然而當火車一啟動，那輛載著零食和飲料的小推車就照常來了，鼓勵乘客至少吃點快餐打破禁令。

最後，我還有一個暗殺故事沒說，記得嗎？二二八和平公園的紀念碑是由作家李昂稱之為她年輕時的英雄所設計的，因為他年輕時企圖暗殺總統。更確切地說，他暗殺未遂的目標是蔣經國，當時仍是行政院副院長，但逐漸接管年邁的父親的職責。整個事件發生在一九七〇年的紐約廣場酒店門前。有兩名刺客，李昂的英雄鄭自才和他的妻舅黃文雄被認為是主要的行兇者，黃開了槍，而他的妹夫大聲尖叫分散了安全人員的注意力。一顆子彈差點擊中蔣經國的腦袋。根據他的傳記作者傑伊・泰勒（Jay Taylor）的描述，副院長站在那裡看著警衛將槍手按在地上，然後他走進酒店，按計劃在美東工商協會發表演講。

一切照常，表面看起來是這個樣子。

蔣經國在一九八七年解除了戒嚴，為台灣的民主化鋪平了道路。他為什麼這樣做，到今天仍然存在爭論，但毫無爭議的是，他成為改革者而不是政治罪犯，儘管很長一段時間他是後者。他領導國民黨龐大的安全機構，策劃對反對派人士的迫害。作為白色恐怖的關鍵人物之一，他對任意逮捕和政治暗殺負有責任。他在蘇聯學會如何進行恐怖活動。對一個狂熱反共分子的兒子而言，這是不尋常的職業生涯，只有在中國尤其是國民黨的曲折歷史背景下才有可能。國民黨長期與史達林保持密切聯繫，這就是為什麼蔣介石的兒子從一九二五年到一九三七年住在莫斯科，被扣為人質，好讓他父親聽話。如果想了解更多，我推薦傑伊．泰勒的書《蔣經國傳──台灣現代化的推手》（*The Generalissimo's Son: Chiang Ching-kuo and the Revolutions in China and Taiwan*）。

一九七〇年的暗殺未遂事件只是台灣近代史的一個註腳，黃文雄被捕並在謀殺未遂罪的審判中認罪，但在宣判前被保釋而逃跑。他接下來的二十五年裡住在哪裡據我所知沒人知道。他一九九六年返台後，因非法入境而短暫入獄，之後成為政治活動家。

鄭自才在涉嫌謀殺的審判中不認罪，但最後幫兇罪名成立，在判決前不久，他逃到了瑞典。接下來是到處流浪，流浪的歷程可以在他的英文維基百科條目中找到。在數次試圖將他引渡到美國失敗後，最後他還是在那裡入獄將近兩年，後來他在加拿大和瑞典生活過，並於一九九一年返回台灣參加他父親的葬禮。因非法入境而入獄，他參加了為二二八年遇難者設計紀念碑的徵選活動，並且得標。

一個註腳的註腳：在暗殺失敗後，情報機構仔細調查了兩名行動者的周圍環境。他們發現，黃文雄在康乃爾大學讀書期間曾與一名台灣農業科學教授有過接觸。當時的行政院長保證才使蔣經國放心，這位教授不支持獨立運動，他的學術生涯因此沒有受到損害，他後來甚至從政。這個人就是李登輝。他先是成為蔣經國的副手，後來當選總統，並以此身份確保台灣有一座紀念二二八遇難者的紀念館，而且設立由鄭自才設計的紀念碑。儘管有相反的說法，屬於長老教會的李登輝確實對獨立運動表示同情。但是當這一事實曝光的時候，總司令的兒子已經死了，戒嚴解除後六個月後死於心臟衰竭。

很少有專制統治者能夠在權力結束後活很久。如果你問我，我覺得很好。更重要的是，兩蔣長久以來不允許的，而且今天另一個獨裁者想要摧毀的東西倖存下來了：充滿活力、鬥志，並且激勵整個亞洲許多人想爭取的台灣民主。

結語：展望未來

三月中旬台灣天氣轉暖和。不久前有一股冷鋒席捲全台，氣溫低於十五度，在這裡實屬少見，天氣預報總是建議老年人盡量不要外出。跨年夜時台北只有八度，街景讓人想起挪威的利勒哈默爾（Lillehammer）：每個人都穿著厚厚的羽絨衣、圍巾和毛線帽，連狗都裹著專門為牠們設計的保暖服。台灣人的冬天概念對中歐人而言似乎有些奇怪，但相反地，這裡沒有人會說二十五度是夏季溫度。

所以現在已經有了春意。在亞熱帶，這不是一年中特別明顯的季節，在我們家門前的公園裡，樹木一年四季都有綠葉，但我仍然充滿了幸福的期待：二〇二一年三月二十一日，差不多是我們正式登記結婚一週年，我和若喬想按照慣例再次慶祝我們的婚禮，也就是舉行盛大的婚宴。我們預計有兩百多位客人——按照本地標準只是平均值——，我只認識其中的一小部分，遺憾的是因為德國的親人無法前來。對遊客而言，邊境仍未開放，歐洲的新冠病毒危機仍未結束，期待一切恢復正常的日子漫長又痛苦。另一方面，最近這裡只有兩次短暫的恐怖時刻：長榮航空公司一名粗心的飛行員在聖誕節被感染，並將病毒傳染給兩名空姐和他的台灣情人。她恰好是兩百五十三天以來第一個境內感染病例，引起了巨大的公憤——再加上該飛行員來自紐西蘭，進一步加劇了憤怒，紐西蘭當時看起來是台灣在對抗新冠病毒方面，爭世界冠軍唯一真正的競爭對手。然而，令人擔憂的傳染潮最初並沒有出現。春節前不久，桃園一家醫院爆發疫情，當時一名醫生首次被感染，並迅速感染其他護理人員，但很快又被控制住了。儘管如此，台北國際書展等大型活動都被取消，以防萬一，連日來我們甚至擔心婚宴能否如期進行。

有人可能會覺得這種預防措施過分，但正是基於這樣的預防措施，長期以來讓這裡的危機管理成功。在全球危機的前十五個月，只有不到一千名台灣人感染了新冠病毒——其中只有十分之一是境內感染！十人死於病毒；在全球比較中，這些數字看似令人難以置信，但卻是真實的。反對黨也密集地想揭發黑數的感染病例，但是徒勞無功。

因此就中期總結而言，二〇二〇年對台灣來說是不錯的一年。儘管某些行業，特別是旅遊業受到防疫措施的影響，但經濟總體適度成長，國家自信心有了真正的飛躍。對於必須以「中華台北」這屈辱的名義參加國際體育賽事，以及因為系統不承認「台灣」而在國外訂旅館時無法表明自己國籍的人，在這方面很難有自信。然而在危機期間，台灣人開始意識到他們生活在一個管理高效的社會中，這個社會比美國或德國等其他令人敬畏的國家更有效地保護公民。我從來沒有像過去幾個月那樣經常聽到（或說）「我很高興住在台灣」這句話。理所當然，政府的支持率穩定在歷史新高。

儘管如此，未來的前景並非一片光明。最近德國媒體也出現了越來越多文章，警告台海戰爭風險增加。這些文章通常正確描述中國將在必要時透過軍事手段解決台灣問題的決心。但有時卻忽略了阻礙軍事進攻的許多因素。中國領導層頭腦冷靜的人很清楚，入侵將涉及無法估量的風險，失敗甚至可能導致共產主義統治的終結。島嶼自然是最難征服的地形之一，尤其是台灣，海岸陡峭，加上地勢雄偉的中央山脈。此外台灣在軍事上雖不如強大的鄰國，卻也絕不是毫無防備。在某些方面，比如潛艇戰，中國人民解放軍被視為落後，而且沒有經過實戰的考驗。解放軍上一次大規模行動，是一九八九年在北京針對付手無寸鐵的學生。

最關鍵的問題是：美國會採取什麼樣的行動？這個問題不僅在考慮開戰情況時出現，而且在防止武裝衝突的可能性方面也存在——這是華盛頓極為關注的問題。乍看之下也許並不明顯，但對美國而言，台灣絕不僅僅是台灣，最終還是關乎二十一世紀太平洋地區，誰將成為最重要的秩序維持者的問題。台灣在限制中國進入太平洋的美國盟友鏈中佔據重要位置。如果台灣落入競爭對手手中，無異是向韓國、日本和其他鄰國發出信號，表明華盛頓也無力保護它們。這將永久改變這地區乃至世界的平衡——這是任何美國政府都不能允許的一個重大轉折點。

台灣有一個詞「護國神山」，指的是兩座保護國家的神山，其中之一就是之前提過的中央山脈，對於任何入侵者而言都是難以逾越的障礙。另一座是稍微平坦的台積電。沒聽說過？縮寫TSMC，代表台灣半導體製造公司，它是世界領先的——專家甚至說是遙遙領先——半導體產品製造商之一。蘋果是它客戶名單的首位，沒有台積電就沒有iPhone 12，而美國國防工業也使用該集團的晶片，該集團最近投資一百二十億美元在亞利桑那州設廠。眾所周知，半導體晶片是二十一世紀的關鍵技術，對於手機、電腦到人工智能、自動駕駛汽車和自動控制武器系統等方面都至關重要。中國自己的生產能力僅能滿足其半導體需求的十五%，而且在技術方面遠遠落後，多年來一直試圖從台積電挖走技術人員和工程師。

我沒辦法詳細描述台積電與美中經濟的錯綜複雜關係，所以簡單說明：美國不能容忍台積電落入北京的控制之下，後果將是毀滅性的。結合上述地緣政治因素來考量，可以得出以下結論：美國當然不想與中國開戰，但不能容忍台灣被納入中國軌道，必須不惜一切代價阻止。具體而言，就是必須迫使中國意識到，綜合考慮所有因素，攻擊台灣不符合其自身利益，因為政治和經濟損失太大。這只能透過施加適當廣泛聯合的國際壓力來實現，也就是過去四年由於川普推特風暴而被掩蓋的政治工作。我推測，新的美國政府將同時以安靜和戰略性的方式追求自己的目標。歐盟，尤其是德國，可能會面臨越來越多的呼聲，要求改變其以貿易利益為主導的過度親中政策。

當然這還不能完全避免戰爭的威脅。習近平手中的權力越集中，黨內領導層的內部討論被鼓掌取代的次數越多，中華人民共和國的政治制度就越容易做出不合理的決定。一些觀察家已經認為，對台的侵略政策對中國弊大於利，但必須考慮兩點：第一，「解放台灣」——即從政權的角度說：恢復中國領土主權——是一個崇高的目標，儘管不是每一個人，但是很多中國人願意為它付出高昂的代價。其次，大部分的攻擊是言語上的，是為了對內部的自我表現。任何中國領導人都不能在台灣問題上「軟弱」，因為這會失去許多公民尤其是軍方的認可。然而這有可能導致，有一天政府被迫實現自己的威脅，以免失去自己的威信。畢竟毛澤東創造了「紙老虎」這個詞，並用來形容只會咆哮，從不咬人的國家。

以上種種會帶來什麼樣的結果？我不知道。但是我敢說，生活在台灣將繼續充滿挑戰。以後我還是會偶爾失眠，想著我和若喬還能在台灣生活多久，萬一有一天我們不能再生活在這裡怎麼辦。這再次讓我意識到，由於我的出生背景，已經習慣將一種特權視為理所當然：認為戰爭不會構成真正的威脅。但從歷史的角度來看，這情況極不尋常。但是在台灣情況並不是這樣，當我們為婚禮預訂場地時，合約列出了一些我們可以重新安排儀式而無需額外費用的原因——其中之一是「爆發軍事敵對行動」。

目前看來不會有事。幾天後我會和我太太站在台上，我會很緊張，因為我必須在兩百位客人面前發表中文演講。我決定用台語說前幾句，儘管我不會說台語；這是一種姿態，也是希望獲得熱烈的掌聲。為了幫這次活動增添一些日耳曼風格，我和若喬還打算鋸穿一段樹幹。這種習俗在這裡沒有人知道，但在這種情況下，台灣人的熱情你可以信賴。一位在台北生活多年的德國朋友好心答應幫忙找所需的用具。但這沒那麼容易，正如他跟我說的，這年頭誰鋸木頭不用電鋸？找不到德國橡木，我們改用在象徵意義和硬度方面相當的本地樟木。

毫無疑問，最近我在台灣的根更深了。一年前在松山戶政事務我所缺少的那種重大轉折的感覺，現在還是沒有出現，但有些東西正在悄悄發生變化。撰寫這本《台灣使用指南》以及同時完成的小說《梅雨》（*Pflaumenregen: Roman*）不僅是因為我想向人講述這個美麗島嶼的迷人故事，更是因為我自己想更理解台灣。例如，我對殖民時代幾乎一無所知。現在工作完成了，願望實現了，但這個願望沒有改變。愛上一個人或一個地方不會沒有後果，我離開台灣好幾次，每次都回來了——也許是決定留下來的時候了。

後記：最終台灣也遭受了衝擊……

事實上，這本書的工作早就應該完成了。我只是在等排版稿送來，最後再順過一遍，確保沒有任何錯誤。除此之外，沒有什麼要做的。然後，四月底，又傳出有台灣飛行員在國外感染了新冠病毒的新聞。感覺就像去年聖誕節發生的事件重演，只是這一次涉及另一家航空公司中華航空公司。航空貨運對於供應民生所需和台灣經濟至關重要，因此最近飛行員檢疫規定大幅放寬。每次國際飛行後，他們只需要在專門設置的隔離酒店裡住三天，但是嚴格規定即使隔離之後也不能參加大型聚會，不能去餐館吃飯等等。

這對某些人來說似乎要求過分了。台灣媒體報導了他們的購物行程、家庭聚會，以及和情人的祕密會面（這通常不是大型人群聚集的情況，但這麼做吸引了大家的關注）。

起初這些報導並沒有讓我擔心，我對政府的危機管理太有信心了。在我們非常愉快的婚宴三天後——我的演講獲得滿堂彩，鋸樹幹也是一大成功——我一年多來第一次離開台灣回德國看望我的家人。此外，我還想申請和台灣公民結婚有權獲得的永久居留權。為此我必須在德國的台灣代表處提交多次蓋章的文件，如果成功，我將獲得有效期為三個月的入境簽證，然後在台灣轉換為所謂的外國人居留證（Alien Residence Certificate簡稱ARC）：我們「外星人」在台灣定居的正式許可。

這就是計劃。

若喬不時告訴我關於台灣飛行人員的最新新聞動態。我無意詆毀整個行業，但飛行員似乎確實存在問題。駕駛艙內可能有太多規則需要遵守，以致在地面上允許自己放鬆來平衡。此外，一些機長不是在空中，就是在隔離中，可以理解他們對現狀改變的渴望。而且這不僅僅關乎他們本身，隔離酒店的管理似乎也無視規定，尤其是關於隔離客人與酒店正常運營分開的規定。當然，後者還包括婚禮之類的社交活動……病毒不會錯過這個機會。

起初是十二名機師加上幾位酒店員工和客人測出陽性，然後他們的伴侶和親屬也在短時間被感染，最後台灣也認識了歐洲已經很熟悉的超級傳播者現象。

我可以介紹一下：獅王。最近全台灣都這麼稱呼這位台北市某個地區某個獅子會主席，名字不詳。獅子會以熱心公益而聞名於世。在我上黑森的家鄉，他們每年都會在聖誕集市上賣鬆餅，然後將「百萬收益」以高調的方式捐贈給公益事業。但是台灣獅王不想等到基督降臨節，於是在母親節展開他的慈善活動，並在萬華委婉稱為「茶室」的地方進行。你可以在那裡喝茶。然而對於真正的獅子來說，提供的服務範圍當然更廣。

台灣花了一年多的時間才達到一千例感染總數。母親節過後一週，每天新增大約五百例新病例。情況惡化得如此之快，以至於不堪重負的當局無法追蹤大部分感染病例，尤其是在萬華這樣複雜的環境中。我們可以很容易想像——

當官方機構向王宮詢問，陛下是否有可能去休息喝茶，他們首先聽到的是強烈的否定。茶不合王的口味。而這些場所也不熱衷告發高級訪客，反而是寧願把女員工送往其他城市，當局只有在其他客戶被感染後才再次找到她們。如果後果不是那麼戲劇化，整件事就會像一齣老掉牙的喜劇。剛剛結束萬華之行，獅王還在母親節出席了一場婚禮，我猜，他並沒有一直坐在場邊。後來發現有二十個案例可以直接追溯到他。

幸好他母親不在其中。

「小心點，這可能還會關係到你。」在週日我們透過Skype進行的一次通話中，若喬警告我。她並不是在暗指，我可能在我們的婚宴和離開台灣之前去喝了茶（我們在花蓮的迴音谷度了三天的蜜月）。她的意思是，我像往常一樣，為回程預訂了中華航空。中華航空正在召回所有機組人員，以便在台灣對他們進行隔離和測試，並在必要時加以懲處。航班取消是不可避免的後果。我第一次感到擔心，我把返程的航班提前了一個星期，但已經太晚了。考慮到確診病例激增，台灣危機管理小組於五月十七日宣布禁止所有沒有台灣護照或居留證的人入境。

就在收到夢寐以求的文件之前不久，我就被封鎖在外面了！作為台灣女婿並擁有有效的入境簽證對我來說毫無用處。即使我已經接種了疫苗，也沒有任何不同。事情發生得很快：我最近完成了這本書的結語，決定以後不再長期離開我的第二個故鄉。現在我坐在比登科普夫父母的房子裡，不知道什麼時候才能回到台灣。似乎已經可以確定，入境禁令的有效期將超過我的入境簽證有效期。我可能不得不重新申請，只是什麼時候？暫時沒有人能告訴我，情況太混亂了。

六月初，病例數超過一萬，台灣有兩百六十人死於新冠病毒。很長一段時間以來，台灣本地感染率只佔十分之一左右，但現在約為九十％。與其他國家的情況相比，這情況似乎不嚴重，但後果是相當嚴重的。我在結語中所寫的關於台灣社會日益增強的凝聚力，以及面對危機時共同努力的自豪感，幾週後似乎變成是美好時光的故事。突然間，舊有的分歧和爭端又以新的火力展開；反對黨在一年的挫敗之後，現在利用一切機會攻擊政府。有時他們暗暗高興政府的失誤。蔡英文總統的支持率跌至二十一個月以來的最低水平。

現在對發生的事情做出最終評估還為時過早。對於不遵守規則的機長或馴化的野獸的活動，政府似乎無能為力。另一個問題是，飛行員的檢疫規定是否本來就過於寬鬆，以及由於危機管理的長期成功，人們忽視了對緊急情況的準備。很難否認，檢測能力不足以致無法及時清楚地了解疫情是問題所在。在國內政治爭端中保持中立的國際媒體，也視台灣為自身成功的犧牲品。由於A計劃非常有效，B計劃被忽視了。情況可能確實如此，但並非所有問題都是自己製造的。目前最大的一個問題是台灣幾乎沒有疫苗，這與台灣的政治孤立有很大關係。據報導，與德國公司BioNTech談判的交易失敗了，因為該公司已經與一家中國公司簽訂了獨家合約，根據合約那家公司將獨家代理「大中華區」疫苗的分銷——北京認為這也包括台灣地區，但台灣政府不願在對抗病毒的鬥爭中依賴敵對的鄰居，而且很大一部分台灣人無論如何都不會相信在中國開發或從那裡交付的疫苗。政府嚴格拒絕反對派強烈要求的相應進口。在這個問題的爭論上，眾所周知的政治陣營也相互對立，熟悉台灣的人都不會感到意外。

其他疫苗只少量運抵台灣，而且由於擔心中國干涉，甚至是在極度保密的情況下進行的。公開的支持主要來自日本和美國。在六月四日天安門廣場大屠殺週年紀念日這一天，日本向台灣捐贈了一百二十萬劑疫苗，也許並非巧合，理由是台灣人在福島核災事故後的巨大捐贈。美國隔天也宣佈提供援助，這可能也是向北京發出的信號。台灣人非常感激這些舉動，但援助的規模遠遠不夠。

短期情況會如何？目前，全國實施三級：所有學童在家線上上課，全國棒球聯賽暫停，大型活動不得舉行，電影院和健身俱樂部暫時關閉。室內私人聚會將限制在四人以內。許多——但根據批評者的說法仍然太少——公司已經轉向在家工作，餐館只賣外賣。若喬告訴我台北的街道比平時空蕩蕩得多，我們最喜歡的酒吧已經完全歇業。

對目前困在德國的我來說，情況似乎很矛盾：雖然台灣正在收緊公共生活，但這裡正在逐漸恢復正常，儘管這裡的數字比台灣還高（就算不再是高很多）。從一開始，台灣政府就沒有將這種病毒視為一種只需要遏制的流感，而是一種需要根除的致命傳染病。但在只有三％的人口接種了疫苗的情況下，如果要達到這目標，就只能實施嚴格的措施。在我看來，拒絕持有有效簽證的台灣公民的配偶入境，完全是過度的做法，然而這就是台灣做法的一部分。

到目前為止，儘管數字仍未顯著下降，但我推測在未來幾週內就會成功控制最新爆發的疫情。到那時會有多少人生病甚至死亡——到六月底死亡數字已經超過六百人——而這種苦難會在社會中造成怎樣的分歧，當然還無法預知。大批疫苗預計在夏季到達，目前處於測試階段的自產疫苗也將很快開始生產。每個人都希望問題儘快得到解決。

當你閱讀這本書時，會更清楚地知道事情的真相。我們都面臨著不確定的未來，甚至在大流行之前就是這種情況，但在某些地方比其他地方更加嚴重。幾天前，若喬問媽祖，我們會不會很快再團圓。由於目前寺廟也已關閉，她只能在家中用不理想的問卜工具，這可能影響了結果。總之，回答沒有特別令人振奮。

媽祖笑了。

國家圖書館出版品預行編目（CIP）資料

台灣使用指南／施益堅(Stephan Thome)著；林敏雅 譯. -- 初版. -- 臺北市：玉山社出版事業股份有限公司, 2024.1
272面；14.8 x 21公分. --
譯自：Gebrauchsanweisung f ü r Taiwan.
ISBN 978-986-294-384-7（平裝）
1. 臺灣史 2. 臺灣政治

733.21　　112022010

台灣使用指南 Gebrauchsanweisung für Taiwan

作　者／施益堅（Stephan Thome）
譯　者／林敏雅
發 行 人／魏淑貞
出 版 者／玉山社出版事業股份有限公司
台北市106仁愛路四段145號3樓之2
電話／(02) 27753736
傳真／(02) 27753776
電子郵件地址／service@tipi.com.tw
玉山社網站網址／http://www.tipi.com.tw
郵撥／18599799 玉山社出版事業股份有限公司

副總編輯／蔡明雲
文字校對／簡孟羽
業務行政／李偉鳳
法律顧問／居安法律事務所 魏千峰律師

ISBN／978-986-294-384-7
定價／新台幣380元
初版一刷／2024年1月

版權所有・翻印必究　　※缺頁或破損的書請寄回更換※

Gebrauchsanweisung für Taiwan
Copyright © 2021 Piper Verlag GmbH, München/Berlin.
First published in München/Berlin.
Text copyright © 2021 by Stephan Thome
Complex Chinese translation copyright © 2024 by Taiwan Interminds Publishing Inc.
Complex Chinese language edition published in arrangement with The PaiSha Agency, Taiwan, R.O.C.
All rights reserved. No part of this book may be reproduced, transmitted, broadcast or stored in an information retrieval system in any form or by any means, graphic, electronic or mechanical, including photocopying, taping and recording, without prior written